与你一起的日子才叫时光

肖 静
李映彤 著

北京出版集团
北京出版社

图书在版编目（CIP）数据

与你一起的日子才叫时光 / 肖静，李映彤著. — 北京：北京出版社，2020.7
ISBN 978-7-200-15551-8

Ⅰ. ①与… Ⅱ. ①肖… ②李… Ⅲ. ①家庭教育 Ⅳ. ①G78

中国版本图书馆CIP数据核字（2020）第069264号

与你一起的日子才叫时光
YU NI YIQI DE RIZI CAI JIAO SHIGUANG
肖静　李映彤　著

*

北京出版集团
北京出版社　出版
(北京北三环中路6号)
邮政编码：100120

网　　址：www.bph.com.cn
北京出版集团总发行
新华书店经销
北京瑞禾彩色印刷有限公司印刷

*

880毫米×1230毫米　32开　7.5印张　166千字
2020年7月第1版　2020年7月第1次印刷

ISBN 978-7-200-15551-8
定价：49.80元
如有印装质量问题，由本社负责调换
质量监督电话：010-58572393

推荐序

我和肖静因摄影结识,并由于相互尊重和对彼此作品的欣赏而渐渐成为"忘年之交"。

肖静拍摄的作品有她独特的风格和品位,在对事物的观察上,她也非常的敏感和细致,对很多事情都有她独到的见解。在她举办的几次个人摄影作品展和摄影讲座上,她都会虚心听取我的意见,是位很有思想、有涵养的年轻人。我很欣赏她的才华。

肖静不仅是一位专业又敬业的摄影师,在我看来,她还是一位不同寻常的妈妈。

在我的印象里,肖静经常会消失一段时间,因为她总是带孩子去国外学习和旅行。当她向我吐露要写一本关于带孩子旅行的书时,我既惊讶又惊喜。惊讶的是她真的听了我的建议鼓起勇气写这样一本书,惊喜的是她这几年有趣的经历终于可以与大家分享了。我们每次见面聊天时,我除了会问她近期的旅行情况、拍摄情况,还会特别关注这对母女的成长和变化。于我而言,能够听她讲述旅途中有意思的故事与经历是件幸福的事。肖静的女儿彤彤在跟着她旅行的几年中成长非常快,变化也特别显著。

当肖静邀请我为她的这本书写序时，我丝毫没有犹豫，因为我了解这本书背后的很多故事，深知肖静为这本书倾注了多少心血，以及彤彤对这件属于她们母女的礼物是多么期盼。有缘为此书写序是我的荣幸啊！

一次偶然的机会我问彤彤："你是如何评价你妈妈的？"

彤彤思考了片刻，说："她是最不像妈妈的妈妈。她陪我一起玩，也知道我所有的秘密。"

听了孩子的话，我很受触动。现在社会上有很多家庭因为孩子的教育问题感到苦恼，因为处理不好亲子关系感到焦虑，而我面前这个女孩子简单朴实的话语，阳光灿烂的笑容，清澈纯洁的眼神，都体现着拥有能够陪她一起长大、理解她的家长是多么幸福的一件事。

我推荐这本书，是因为这本书汇集了肖静母女7年来的心路历程，更因为这本书能够给很多的家长带来教育方面的启发，感受到从身体到心灵的陪伴才是成长必不可少的。当然，书中也有很多精美的照片是肖静在旅途中拍摄的，记录了她们的生活，记录了母女共同的成长。

很幸运认识如此特别的母女，她们互相陪伴成长的经历也带给我很多思考。希望你也来看看。

推荐序

我与映彤,情定"海外",因"乐"结缘。

映彤是以音乐特长生被招入我校的,她的文化课成绩也很好,直接进入了实验班。学期伊始,排练厅中,初见映彤,落落大方、长相甜美,她总是安安静静地坐在长笛声部认真练习。在我的记忆里,只要看到她,总是能看到她脸上洋溢着阳光般的笑容。炎热的夏天乐团要排练行进式队列,在挥汗如雨的训练和表演中,她没有一丝抱怨,总是乐在其中;寒冷的冬天演出需要增加排练时间,她都能认真做好每一次训练并保持优秀的学习成绩。每次看到她与伙伴们一起搬运乐器、一起演奏、相互鼓励的身影,我就倍感欣慰与欣赏。在史诗般的《加勒比海盗》、气势宏伟的《红旗颂》、温柔无限的《思念》和风情万种的《风的那边》中,我们建立了深厚的情谊。映彤不仅为乐团增加了活力,也是学校里很多活动的主力军。学校嘉年华、运动会、艺术节中都有她青春的身影。她是老师的好助手,也是同学们的知心人。在英国游学的3个多月的时间里,同学们想家了就来找她谈心,后来大家都亲切地称她为"彤妈"。学校里的生活是快乐的,她和伙伴们一起探讨学习,一起聊着女生间的小秘密,一起仰望浪漫的星空……

后来，映彤去美国读书，作为摄影家的妈妈记录了她与映彤游走在世界各地时有趣的点滴。7年的时光，这个善良美好的中国女孩经过历练，成长为知书达理的国际化留学生。不平凡的经历，也让她提前一年毕业申请到了自己理想的大学。作为老师，为前行路上披荆斩棘、努力实现梦想的她而感到骄傲；同时，作为母亲，映彤妈妈与女儿的相处方式、成长经历也是我们家长学习的榜样。

非常想把这本书推荐给家长朋友们，无论对于个人、家庭还是社会，教育都是极其重要的，而最根本的探究是"什么是好的教育"。这应该回归教育的本质——让孩子认识自我，找到并点燃自己的热情、天分、使命，并愿意为这个世界做点什么。

孩子们的世界比我们大，我们需要做的就是支持、肯定他们的梦想，让他们拥有独立面对这个世界的勇气。映彤妈妈是这样践行教育的，映彤也在她的陪伴下茁壮成长，并用自己的方式回报社会。

海淀外国语教育集团艺术总监／德育主任

杨屑

2019年12月25日

Foreword

I first met Li Yingtong (Cadigan) in 2017, when she was an applicant to Heathwood Hall Episcopal School, one of the top schools in South Carolina (USA), and where I serve as the Head of the Upper School. From the first time I interviewed Cadigan, I recognized that she was a special young woman, someone with an interesting past behind her and potential for a remarkable future ahead.

As a student at Heathwood Hall, Cadigan did many of the things that I would expect any good student to do: choosing challenging classes, maintaining high grades, preparing for AP classes. However, she also sought out opportunities to travel, produce cultural programs, and intern locally. Ultimately, she achieved her goal of attending her dream college one year early.

Some of her decisions were unorthodox. Yet, this unique path is part of what makes Cadigan who she is—and what will propel her to have such a rich and interesting life.

This book is an account of several unique experiences she's had—both from her perspective and her mother's—and it will give the reader insight into Cadigan's education through travel and experiential learning. It was a pleasure for me to get to know Cadigan the two years she was a student at my school, and I invite you to experience a bit of her life—and her mother's—in the pages that follow.

——George S. Scouten, Ph.D. Columbia, SC (USA)

推荐序

记得第一次见到李映彤（Cadigan）是在2017年，那时候的她是Heathwood Hall Episcopal School的一名申请人。这是美国南卡罗来纳州哥伦比亚市首屈一指的私立学校。我作为校长第一次面试李映彤的时候就发现，她是一个很特别的年轻人，是一个有着不寻常的成长经历、未来充满希望的女孩。

李映彤作为Heathwood Hall Episcopal School的学生，做了一名优秀学生该做的事：选择有挑战的课程、保持优秀的成绩、学习AP课程等。除此之外，在课余时间她还去世界各地旅行、做文化交流项目，并在当地实习。最终，她实现了提前一年就读理想大学的愿望。

在我看来，李映彤做过很多不寻常的决定，正是因为这些不寻常的决定才使她成为她自己，并且使她拥有一个丰富多彩的人生。

这本书以李映彤和她母亲的视角记录了她们在旅行中的独特经历。这些经历会给读者们带来旅行、实践和教育方面不同的理解和启发。我很荣幸有机会在李映彤就读的两年中了解她。在这里，我诚邀您翻开书，与她们母女共享那段温暖的时光。

美国南卡罗来纳州哥伦比亚市
Heathwood Hall Episcopal School 高中部校长
乔治·斯高特 博士

序

"录取通知到了!"女儿一边迫不及待地打开快递信封一边兴奋地说。

我赶紧凑过去。"Congratulations(祝贺)!"我睁大了眼睛……

对女儿来说,这可不是一份普通的大学录取通知书,这份录取通知书能够按期送到我们手中,其中的困难只有我们知道。我之所以这么说,并不是因为这所学校是美国的知名大学,而是女儿拿到这份录取通知书的过程非同寻常。

10年级时(相当于国内的高一,美国高中为4年制,分为9—12年级),女儿从西雅图转到哥伦比亚读书,她的高中是州(哥伦比亚位于南卡罗来纳州)里最好的学校之一,如果顺利毕业,会拿到一个含金量很高的毕业证书。当她提出想提前一年上大学的想法时,大部分人都很吃惊并伴随着质疑,一方面这并不符合常理,另一方面觉得可惜。因为一旦提前考入大学,原高中是不会提前颁发毕业证书的,女儿还要面临很多的问题,比如要再找一所学校重新修学分拿到高中毕业证书等。女儿的学习成绩很优秀,在她的老师看来,很多名校会因她全A的成绩而录取她,有的还会给予她全额奖学金。美国的教育理念很开放,更多的是注重学生个人天性的培养,按理说老师应该全力支持并鼓励,但他们却极力地劝说女儿三思而后行。一是想确定女儿的信念是否坚定,毕竟开弓没有回头箭;二是对于学校方面确实失去了一个很优秀的培养对象。但是,女儿没有动摇,她知道自己要什么。而我要做的就是全力配合女儿,做好后勤工作。

在提前上大学的路上,女儿不断寻找各种可能性并付诸行动,在学业上也付出了更多的精力和努力,最终,她如愿以偿,提前一年就读于心仪的学校和自己喜爱的专业。这份录取通知书不仅仅是一所大学对她的认可,更是她通过自己的努力实现目标的有力证明。

我很欣慰,也很开心,女儿可以做自己。当然,这离不开我引以为傲的培养孩子的"特殊"方式。2012年,我放弃了稳定且令人羡慕的工作,独自一人带着11岁的女儿开始了游走异国他乡的生活。这7年中,我们的学习和生活环境经常发生变化,随之而来的休学、退学、转学、留级、跳级、美国公立校私立校、中国公立校私立校、新加坡大考、英国游学……这些都让我们处于一种不稳定的状态,哪怕是在美国的那几年也都是在不同的城市生活和学习的。大家一定觉得我这样做会耽误孩子学习和交友,亲戚朋友们也担心总是处于不安定的状态女儿的性格会受到影响。但我一直坚信:只要孩子心中有爱、做事有价值感、有进取心,那么她的人生一定是美丽的。我们不需要拘泥于某种形式。

有人会问,"特殊"方式是什么方式?难道就是到处折腾?其实不然,我所谓的"特殊"就是在深度陪伴下的亲子旅行。

女儿小时候性格比较内向,不善于与人沟通,在学校里也是个普普通通的孩子,或许她的"特别"之处就是她的业余爱好,例如长笛、版画、运动。这个"特别"之处在她的成长过程中确实也起到了助力作用。

亲子旅行是一种浓缩的生活，在旅行的过程中会遇到形形色色的人和事，也会放大每个人的优缺点。7年来我们一直在路上，相互陪伴，一起成长，共同面对问题、解决问题。在最美的旅行中成就好的教养。

深度陪伴的亲子旅行带给了女儿开阔的眼界、知识的增长，也让她学会了如何利用时间高效地学习；在路上她结交了各地的朋友，性格上变得开朗、自信，学会了如何关心他人。一起旅行的日子我们经历了种种困难，不仅磨炼了意志，也丰富了人生。女儿慢慢地成为一个健康向上、积极乐观、有目标、敢于追梦的少年。回顾这7年，女儿能够开心地做自己，而我成为她最坚实的后盾，这是我最欣慰的事，也是我最想和大家分享的。

7年里近20万公里的旅行，我们的共同经历增加了相互的理解与信任，建立了独立的人格和富足的灵魂。生命中这样一段特殊的快乐旅程也铸就了《与你一起的日子才叫时光》。

记得放假回国前，我们去学校向老师们道别，教导主任激动地对女儿说："你是我见过的最优秀的留学生！不，是最卓越的！真为你自豪！"

我捧起女儿的大学录取通知书，它像是试验成功的报告，让我更加确定人生的多姿多彩，而深度陪伴是在女儿成长路上我做过的最正确的选择。

我把录取通知书递给女儿，拍了拍她的肩，轻轻说了一句："祝贺你！"此时树上的知了伴着明媚的阳光唱得格外嘹亮。

彤彤的重要成长经历

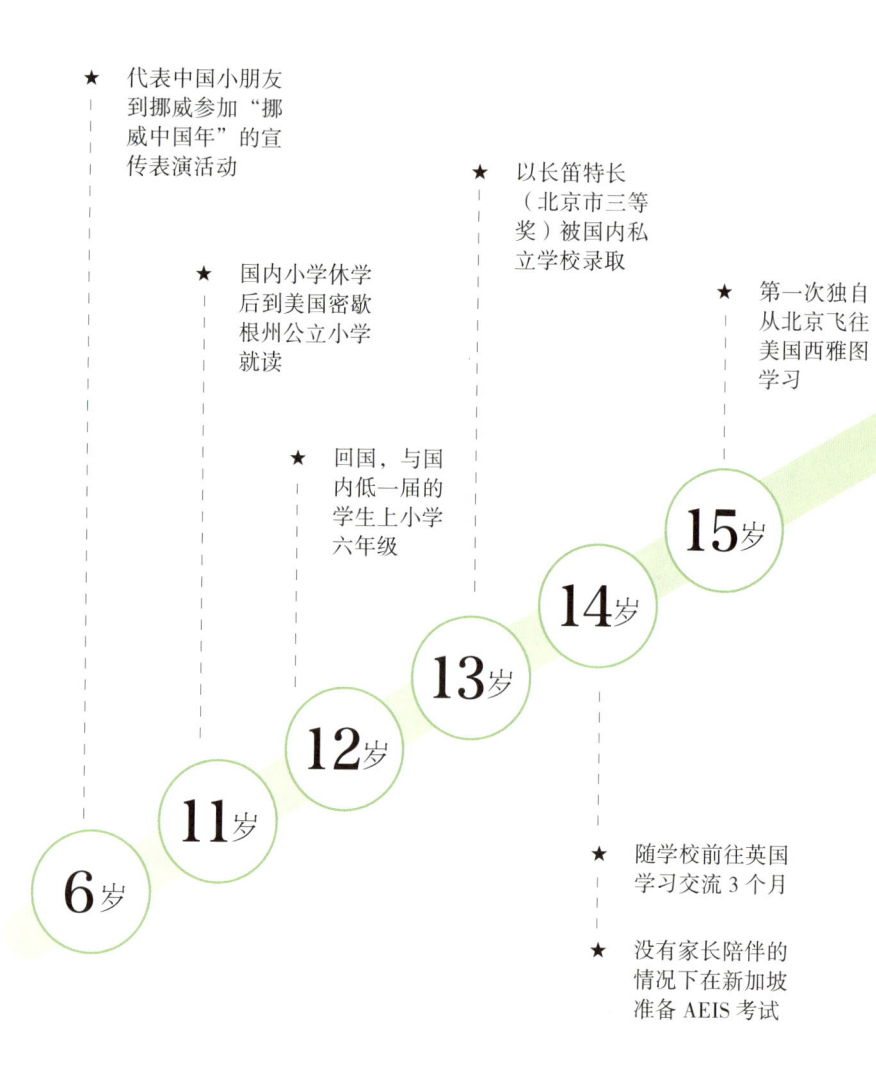

- **6岁** ★ 代表中国小朋友到挪威参加"挪威中国年"的宣传表演活动
- **11岁** ★ 国内小学休学后到美国密歇根州公立小学就读
- **12岁** ★ 回国，与国内低一届的学生上小学六年级
- **13岁** ★ 以长笛特长（北京市三等奖）被国内私立学校录取
- **14岁** ★ 第一次独自从北京飞往美国西雅图学习
- **15岁**
  - ★ 随学校前往英国学习交流3个月
  - ★ 没有家长陪伴的情况下在新加坡准备AEIS考试

16岁

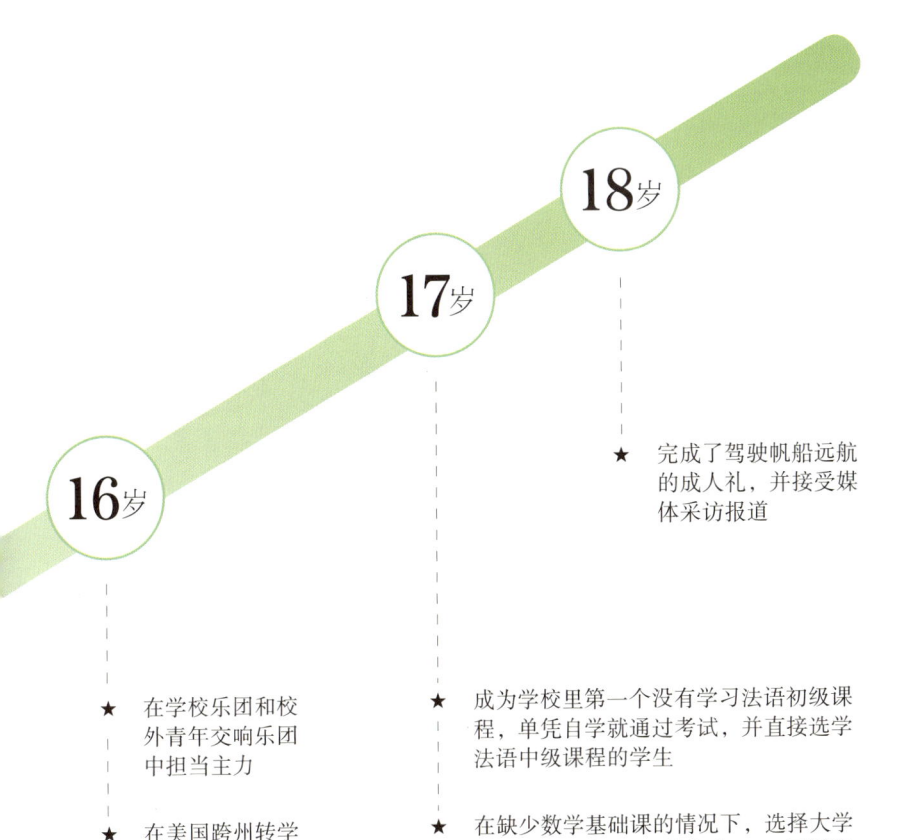

★ 在学校乐团和校外青年交响乐团中担当主力

★ 在美国跨州转学

17岁

★ 成为学校里第一个没有学习法语初级课程，单凭自学就通过考试，并直接选学法语中级课程的学生

★ 在缺少数学基础课的情况下，选择大学课程AP统计和AP微积分BC，因课程过难曾数次想放弃，后又默默坚持、熬夜自学，最后以满分成绩完成期末考试

★ 担任学校春节晚会的总策划、总导演、主持人

★ 被选为美国国家荣誉协会（National Honor Society）会员。这是对一个学生知识、领导力、学术、品质、社会服务等多方面的高度认可

★ 在喜马拉雅平台做旅游节目；受邀在北京交通广播《慧旅行》节目做直播嘉宾

18岁

★ 完成了驾驶帆船远航的成人礼，并接受媒体采访报道

目录
Content

一切就这样开始了

缘起 / 2

启程 / 4

新环境 / 7

新生活 / 11

我们的旅程

佛罗里达州之旅 / 14

迈阿密超速 / 16

维兹卡亚庄园风波 / 25

大沼泽地的鳄鱼 / 31

基韦斯特找路 / 39

密歇根州之旅 / 46

特拉弗斯城度假村 / 48

塔夸默农瀑布 / 56

穿越迷雾丛林 / 64

生活中获得的成长 / 70

新朋友来了 / 72

芝加哥大巴 / 78

纽约的蝴蝶 / 86

捡自行车 / 91

墨西哥城之旅 / 96

找酒店 / 98

墨西哥城的一天 / 103

太阳金字塔 / 107

加拿大之旅 / 114

魁北克的冰酒店 / 116

蒙特利尔小浣熊 / 124

渥太华罚单 / 130

华盛顿州之旅 / 136

雪山里的酒店 / 138

雷尼尔火山 / 147

圣海伦斯火山的断崖 / 154

美国西部之旅 / 160

加州的意外事故 / 162
死谷的热 / 168
约塞米蒂国家公园遇险 / 175
九曲花街 / 181

南卡罗来纳州之旅 / 186

到哥村 / 188
惊艳的春晚总导演 / 194
蓝岭公路的乡村音乐 / 199
一起去远航 / 206

旅途中的硬核技能

旅途中的目标管理 / 212
列清单 / 215
北美自驾常识 / 218

我们的歌 / 222
写给读者的话 / 223

一切就这样
开始了

缘起

曾经,我们的生活是固定的。固定的路线上班、上学,固定的双休日和假期,每天的生活内容也基本是固定的。我和身边的朋友、亲人大多都过着这样的生活。

我有一个可爱的女儿,她叫彤彤(大名李映彤)。从 2 岁半开始就被我送到寄宿幼儿园,每周回家一次,上小学以后,大多数时间都是她自己上下学,我和彤彤爸很少接送她。很多朋友觉得我心狠,但我不这样认为。我是一个对生活充满好奇的人,从小就是。我喜欢各种各样的新鲜事物,总想着让生活有更多的不一样。我也希望彤彤能够更多地感受大千世界的精彩,所以要从小锻炼她。因为在我眼里,培养一个身心健康、眼界宽广的孩子远比只会考高分更重要。我们和大多数家庭一样,每每到了周末,会带女儿去学习她喜欢的长笛和版画,赶上天气好会一起去公园、郊外"撒欢",或者泡在图书馆和博物馆里,这也是一周中我们最放松的时刻。每年我和彤彤爸都会有一个长假,这时我们会一起外出度假,享受一家人在一起的时光。日子就这样年复一年地过着,彤彤也一天天长大。

看起来平淡的日子被一份邀请函打破了。在彤彤小学 5 年级那年,我获得了一个难得的机会——去美国交流学习,并且可以带孩子同去。出国留学一直是我年轻时的梦想,可以开阔视野、感受不同文化、结交更多朋友,还能满足我对世界的好奇心。对于女儿来说,如果能在 12 岁之前接触纯正的英语环境，那么对她学习英语会有很大帮助。想想这些，我既兴奋，又充满期待。

但是，让我暂时放弃这样稳定的生活却有些不舍和担心。不舍欢乐的大家庭和爱我的先生、不舍经常一起吃喝和谈心的朋友、不舍对我关心照顾的同事和领导、不舍酸甜苦辣咸的中国美食。其实，还有一点比较重要的是我不会做饭，平日里连自己都照顾不好还能照顾好女儿吗？况且我和彤彤在日常生活里也并不是一团和气，经常还需要彤彤爸来调停。每个家庭遇到的育儿问题我也一样都经历着。在1万公里外的国度，我们将如何生活？还有最重要的一点，我不知道彤彤是否愿意离开她的好朋友们去一个陌生的语言又不通的新环境。

想着这些，我心里直打鼓……

彤彤爸一直是我最强大的后盾，他知道我心里一直有个留学梦，非常支持我出去看看，他相信我会把自己和女儿都照顾得很好。而当我跟彤彤说了这个计划后，她的兴奋出乎我的意料："只要能和你一起出去玩儿，我当然愿意了！"彤彤的答复令我有些意外，不过这简简单单的一句话却承载着女儿对我的信任，我更加坚定了走出去的决心。

就这样，带着对异国的好奇和学生时代的梦想、带着女儿的憧憬和先生的鼓励，我鼓起勇气，独自带彤彤走上了一条边旅行边学习的道路。一起去面对未知的世界，面对我们共同的成长。

启程

  2012 年 8 月 18 日，这一天我会永远记得。我和彤彤带了两大箱衣服和生活用品，提着家人装满食物的大背包，在彤彤爸的陪同下出发了。彤彤爸为了行使他为人夫、为人父的权利，会亲自送我们去美国，并把我们安顿好后再回国工作。但是由于 8 月份是留学生返程旺季，我们没有买到同一班航班的机票，因此只能分头行动，我们约定好在底特律机场"会师"。

  我在首都机场的值机柜台办理好手续和托运，看了一下手中的登机牌，目的地：芝加哥，这才真实地感受到我们要离开北京，暂别家人和朋友，奔向一个陌生的国度，去迎接充满挑战的新生活了。看看身边比我矮半头刚过完 11 岁生日的彤彤，白皙的皮肤，圆鼓鼓的小脸蛋，乌溜溜的黑眼睛，微微上扬的嘴角，两个马尾辫垂在肩头，神情中透出天真和无畏的欣喜。她一定是为能够出门旅行而感到新奇和快乐。就这样，带着家人的祝福我们登上了飞往大洋彼岸的飞机。

  从地球仪上看，北京和我们的目的地基本是正对面，这也意味着我们要绕地球半圈，飞越 12 个时区，这真是个遥远的行程。我们的路线是先抵达芝加哥，然后转机去底特律，与彤彤爸会合后再乘坐两个多小时的长途大巴才能到达目的地——东兰辛，MSU（密歇根州立大学）所在地。全程需要 20 个小时，也就是说整整一天都会在睡觉、吃饭、转机、等待中度过。虽然路途遥远，但是我们已经启程了。

彤彤坐在靠窗的座位，这是她最喜欢的位置，可以一直望着窗外，观察各种新奇的事物。我坐在她旁边，握着她一只白皙且修长的小手，她用另一只手压了压整整齐齐的刘海儿，又顺手捋了一下马尾辫，她总是喜欢头发顺溜溜的。在长途飞行中，时间是错乱的，不想睡觉时为了倒时差，也要强迫自己睡觉，可是彤彤却开心地吃着零食看着动画片，到了该吃饭的时间，又好奇地品尝各种不同的食物，然后不停地翻看爸爸给她准备的童话书，实在困得不行才小睡一会儿。这是我们第一次坐长途飞机，也是第一次飞往美国本土，看得出来，她非常兴奋。

经过十几个小时的飞行，又转了一架每排只有3个皮座椅的小型飞机

一切就这样开始了

5

后，我们终于来到了美国密歇根州底特律机场。当第一次踏上这片陌生的土地时，我既兴奋又紧张，却发现这里不仅没有中文广播，也没有中文的广告，连亚洲面孔都少了。好像我们乘坐的不是飞机，而是飞船，来到了外星球的某个地方，眼前是形形色色不同打扮、不同肤色、不同语言的人。真感觉有点蒙！自己掌握的那些英语有点应付不来，好多内容都听不懂，大脑突然短路。

彤彤一只手紧紧地拉着我的衣服跟在我身后，另一只手抱着书，她瞪着一双好奇的大眼睛到处看，却不出一丝声音。此时的我心里开始紧张起来，深深地吸了一口气，跟自己说：已经来了，没有退路，加油！我用手紧了紧肩膀上的背包带，坚定地挺起胸膛，带着女儿，大踏步地向行李提取处走去。

新环境

在底特律机场和彤彤爸成功"会师",我们一起乘坐了两个多小时大巴,终于到达密歇根州立大学所在地——密歇根州东兰辛市。学校安排研究生小李来车站接我们去公寓,顺便带我们参观一下校园。

初到这里,一切都是陌生和新鲜的。美国的大学校园是开放的,没有围墙,校区占地面积很大,整个学校的元素都融入这座城市中。每栋教学楼都不高,从外表看是很有年代感的建筑,有的教学楼外墙已经被绿植攀爬得只露出上层的红砖。宽阔的草地上,学生们有的在安静地看书,有的抱着课本拿着咖啡赶路,还有的在两棵树中间绑个吊床躺着休息……总之,各有各的生活,谁也不打扰谁。看到这样的场景我有些激动,好像似曾相识,可能是电影看多了吧。不过,多年前的梦想成真了还是令人兴奋的。

当,当,当——钟声忽然响起来。

"这是校园钟楼敲钟的声音,现在下午3点了。"小李解释着,"过了这个钟楼就是学校的运动场馆、游泳馆,那边是橄榄球场。"小李指了指远处,"密歇根州立大学的运动项目都很厉害,参与美国十大联盟中的所有项目,是一所名副其实的体育强校,特别是橄榄球。有比赛的时候校园里会人山人海,美国人把看橄榄球比赛当作与朋友和家人聚会的机会,即使没有门票也会聚集在体育场外的草地上边看大屏幕边喝酒吃东西。挺有意思的,这是美国文化的重要部分。"

我正在脑补画面，迎面走过来两个身穿白绿相间颜色球服、手拿头盔的橄榄球队员，身高2米多，肩膀上垫着厚厚的防护垫，特别强壮魁梧，感觉就像变形金刚。

彤彤惊讶地看着他们从身边走过去，又看了看身高185厘米的爸爸，眼睛瞪得老大。在我的印象中，她还真没近距离见过如此高的人。

经过几个教学楼，又穿过了跨在河上的石桥，我们来到一片宽阔的大草坪上。一只肥大的红松鼠抖动着毛茸茸的大尾巴在不远处的草地上跳来跳去。这下彤彤可兴奋了，冲着松鼠撒丫子追了过去，她可是学校里有名的短跑小健将。松鼠被这突如其来的小姐姐吓得落荒而逃，在草地上四处乱跑。

"快回来吧，别追了，别吓着它！"我向她喊着。

松鼠一溜烟爬到远处的树上去了。彤彤抬头看着爬高的松鼠，然后气喘吁吁地跑回我身边，小脸通红。

"你别吓着它了。"我用手摸了摸她热乎乎的小脸。

"这只大肥松鼠太可爱了，我想跟它比比看谁跑得快。"女儿喘着粗气，用稚嫩的声音回答道。

"谁跑得快呀？"我问。

"当然是我啦，我都追上它了！但是我不会爬树，让它溜走了。"女儿得意地说着。

在大草坪的周围有很多枫树和大叶子的梧桐，高高的树冠、茂盛的枝叶给草地带来片片阴凉。在这些树的掩映下一栋栋二层红砖楼出现在眼前，楼与楼之间散落着一些儿童游乐设施和木质休闲椅。

"这一片公寓就是你们住的小区了，名字叫 Spartan village，翻译成中文就是斯巴达村。斯巴达是这个大学的昵称，意思是勇敢强壮和具有顽强斗志的斯巴达勇士。"小李介绍道。

"确实像。"我点点头，想起了刚才的橄榄球队员。

"那边的一栋是洗衣房，有洗衣机和烘干机。衣服都要在这边洗和烘干，美国很多州是不允许在外面晾晒衣物的，不雅观也不卫生，烘干的衣服高温消毒，而且不用熨烫很方便。"小李指着一栋单独的红砖建筑说。

"哦，这个在国内没用过。"我如实说。

"机器上都有说明，不难，一会儿我给你们演示一下就知道了。你们看，洗衣房旁边就是扔垃圾的地方。这里垃圾分类要求比较高，大家也很

自觉地去做，还是挺好的。"

"哦，这个怎么分类？"我们都好奇地竖起耳朵。

"报纸、文件纸、硬纸盒是不同的纸类要分开，金属罐头瓶、玻璃瓶、酒瓶、易拉罐要分开，木制品、金属、电池也要分开。"

"哦，这确实需要学习一下。"我忽然感觉到新环境和原来的生活确实不同，约束和要求也比较多。

"没问题的，每个桶上都有标注，慢慢就适应了。"小李安慰我说。

我扭头对女儿说："咱俩以后要共同学习，互相帮助了。"

彤彤点点头，彤彤爸拍了拍我俩的肩膀。

前面不远处是一片游乐场，各种运动设施和孩子们玩的游乐设施立在铺满干树皮的区域里。彤彤一看到最喜欢的秋千，便立刻跑过去荡了起来。

"爸爸快来推我一下啊，我要荡得高高的！"

在我们看来，这个"斯巴达村"更像是一个大公园。

我们就在"公园"里享受着新的生活。

新生活

我喜欢运动，在蓝天白云下跑步是一种享受，还可以顺便熟悉周边环境，这也成了我们到这里来的第一节必修课。慢慢地，我们开始学着适应与国内不同的生活方式、试着去认识周边的邻居、去购买和品尝以前没有吃过的美食。当我和彤彤的入学手续都办好后，彤彤爸也要回国了，毕竟他还有很多重要的工作，而且我们未来一段时间的生活费就全都指望他了。

彤彤依依不舍地送走了爸爸，我们便开始了真正的独立生活，也开启了边玩边学的生活方式。

我们的楼后就是一大片草坪，这里是我们最喜欢的地方。

春天，各种美丽的野花开了，特别是满地的蒲公英黄得耀眼，两三天的工夫，就变成白色的毛绒球一眼望不到边。女儿骑着自行车穿行在其中很是惬意，有时便摘下几棵，使劲儿一吹，白色的毛毛飘散了，再去跑着抓回来。

夏天，一到傍晚，成群的萤火虫就飞出来跳舞，天越黑，光越亮。每天游完泳回来的路上，都犹如在星光大道上一般，很是梦幻。但是太多的萤火虫乱撞到身上还是会觉得有点害怕，每到这时候，彤彤就会从头到脚裹上一条大浴巾，躲在里面看周围闪闪的萤光。

秋天，满树的红色枫叶和不知名的黄色树叶耀眼地随风摆动，迁徙的加拿大鹅排着队叫着从头上掠过，不远处树林边缘的草地上，鹿群在悠闲地散步。女儿捧起落在地上的树叶抛向天空，或把自己藏在大堆的树叶里。

冬天，白雪皑皑，那晶莹的颜色覆盖在绿地上，天空依然蓝得耀眼，一朵朵白云低旋在树梢，和枝头上的积雪融为一体。彤彤最喜欢躺在雪地上，用胳膊和腿画出带翅膀的天使。

斯巴达村也成了我们的根据地，我们也在这里过着自己喜欢的生活，不论我们旅行去多远的地方，都会回到这里休整，然后再向着新的目的地出发。

我们的
旅程

佛罗里达州之旅

Flori

东兰辛 → 底特律 → 奥兰多 → 迈阿密

"佛罗里达"源于西班牙语，意为"鲜花盛开的地方"。

佛罗里达州是美国东南部的一个州，位于东南海岸突出的半岛上，东濒大西洋，西临墨西哥湾，海岸线总长13 500公里，仅次于阿拉斯加州，居全美第二位。四季如春的亚热带湿润气候，使这里有着得天独厚的气候条件和丰富的旅游资源，是著名的旅游之州。

奥兰多是佛罗里达州著名的城市，它是世界知名主题公园的天堂，有著名的迪士尼世界、环球影城、海洋世界等。而第二大城市迈阿密则拥有迷人的海滩、椰风树影和号称野生动物天堂的大沼泽地公园。顺着贯穿南北的美国1号公路一直向南，到路的尽头便是北美大陆的最南端——基韦斯特。

这些让人充满遐想的名字一直吸引着我们，来到美国的第一个假期，我们将会一一"打卡"。

这次的行程是

韦斯特 → 迈阿密 → 底特律 → 东兰辛

迈阿密超速

迈阿密是美国佛罗里达州第二大城市，位于佛罗里达半岛比斯坎湾。由于特殊的地理位置和与美洲以及加勒比海地区在文化和语言上的密切关系，还被称为"美洲的首都"。这里降水丰富，植被茂盛，温暖潮湿，是个全年都适宜旅游的好地方。

我们的行程是从奥兰多自驾到迈阿密。

彤彤有个心愿，想玩遍世界所有的迪士尼乐园。奥兰多的迪士尼世界，包括4个大型的主题乐园，我和女儿在这里痛痛快快地玩儿了5天，每天从上午11点一直到深夜。5天里，我陪着彤彤体验了各种新鲜有趣、惊险刺激的游乐项目，仿佛又回到童年，从她洋溢着笑容的脸上，我感受到了她久违的快乐和满足。

在迪士尼的时间过得飞快，转眼就到了最后一天，玩完最后的项目已是深夜11点多，按计划我们要连夜赶到迈阿密，那边的白沙碧海、椰风树影在向我们招手。

我们提前租好了车，只需要沿着1号公路南下3个多小时就可以到达迈阿密了。虽然是夜里出发，但我们依然沉浸在刚刚结束的"赛车"游戏里，兴奋劲儿没过，困意也没有。

夜晚的高速路上车很少，路况也很好，车道上的反光带被车灯照得既清晰又整齐。我如同在飞机跑道上一般，感觉快要飞起来了。我们听着电台里的流行音乐，聊着这几天有趣的经历，轻松地就过去了1个小时。

大概又过了半小时，在车的微微摇晃中，彤彤的声音从兴奋转到疲惫："妈妈，我觉得头有点疼，我想睡会儿。"从后排座位传来细细的声音。

"这几天确实太累了，你睡吧，到了我叫你。"毕竟是个小孩子，体力再好也架不住连续熬夜啊。我边想边回答。顺便看了一眼车仪表盘上的时钟，已是凌晨1点多了，行程基本过半。我关掉了收音机，把所有的注意力都集中在驾驶上。不一会儿，彤彤蜷在车后座上睡着了，车里响起深沉的呼吸声。此时我就一个念头，如果能早点到酒店就可以让她伸开腿舒舒服服地休息了。

从高速路的标牌上可以看出我们经过了几个小镇的出口后，慢慢进入迈阿密区域。再看看导航显示的剩余时间还有半小时，我心中暗喜。忽然，从反光镜闪过几道刺眼的光，我的第一反应是谁在搞狂欢派对吗？我看了一下倒车镜，红蓝相间的光闪烁着。我放慢了速度，灯光也放慢了速度，我加快了速度，灯光依然尾随。什么情况？我定睛一看，是警车！我有些慌乱，下意识地看了一下仪表盘，里程表显示的速度是90英里。坏了！这条高速限速应该是70英里，我超速了！

我看了看周围的路况，在前方右侧有一片紧急停车带，我赶紧打了右转向灯，靠边停车。我停好车后放下车窗看了看，有两辆警车在后面跟着我也停了下来，于是我紧张地坐在驾驶位上，等警察来。虽然我是第一次遇到这种事，但是刚来美国考驾照的时候美国教练讲过，如果遇到这种情况，一定要老实地坐在车内不要出来，把手放在方向盘上等。这时我的脑

注：1英里 ≈ 1.61公里。

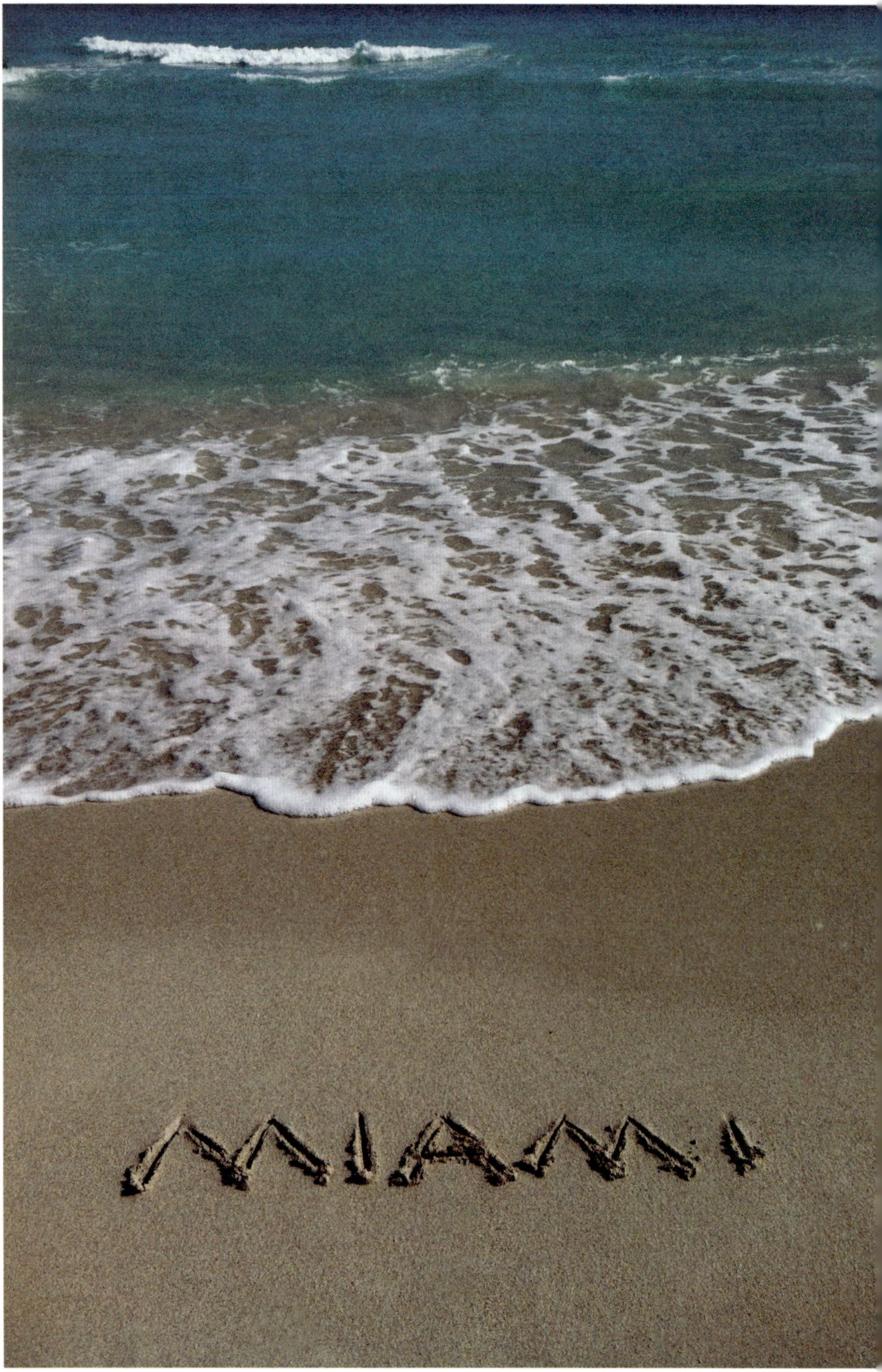
MIAMI

海里正飞快地组织语言,想着如何跟警察解释。

不知不觉间,4个身形高大的警察已围在我的车周围,其中一个警察走到车门的位置。他先观察了一下情况,打量了一下我,然后严肃地说:"你超速了!你从哪儿来?"

"我从迪士尼到迈阿密,来旅游。我的女儿身体不舒服,我想早点到酒店让她休息。"

没等警察问,我就把组织好的话一口气全说了。警察一边听我说,一边打量着整个车,又透过后车窗向里看。

"把所有车窗都放下来,打开里面的灯。"

我照做,然后继续把手放回方向盘上。

"车是你的吗?"

"不是,是我租的。"

"你的驾照和租车手续给我看一下。"

"好的,"这时我忽然想起来所有的租车手续和资料都在后备厢的背包里,"我的文件在后备厢里。"

"在后备厢?"警察看了一下,"你等着,不要动。"

他离开我走向其他警察,然后开始商量。

过了一会儿,他走回来对我说:"你去拿吧。"

在警察虎视眈眈的监督下,我下了车并向后备厢走去。

由于紧张,下车时我竟忘记打开全车的中控锁,后备厢没打开。于是只能在他们的注视下尴尬地回到前车门处,当再一次回到车尾部时,我用余光扫见那几个警察不约而同地把手都放在腰间挂武器的地方。

我打开后备厢,拿出背包,掏出一件件在迪士尼购买的小玩具和礼品,然后才把压在最下面的租车手续和驾照翻出来。我把东西递给警察,同时补充了一句:"对不起,我太着急了,没有意识到自己超速了。"然后盖上后备厢。

"回车里等,把车窗关上吧。"他拿着我的资料走到后面,与其他几位警察商议。

佛罗里达的夜晚还是有些凉,我拉紧了上衣外套,赶紧回车里,升起了车窗,等待结果。

"到了吗?"彤彤揉揉眼睛问。经过这番来来回回的折腾,彤彤醒了。

"还没有,被警察抓了。"我回答。

"啊?怎么回事?"她一下子吓醒了,吃惊地问道。

"我超速了。"

她坐起来,回头看了看还在闪着彩灯的警车。

这时候,警察再次回到我的车旁,透过前车窗向里面张望,看到了被吵醒的彤彤。

"你们需要救护车吗?"警察问。

我想了N种解决方案,唯独没想到他会先关心女儿的情况。但我的注意力并没有在他的关心上,而是脑海里猛然想起前段时间,一个朋友的孩子打球受伤叫了救护车,一共不到3公里的路程竟然花费了1000多元人民币,且保险公司还不报销的事。我估算了一下,到酒店差不多还需要

我们的旅程

半小时的车程，天哪！那得要多少钱啊？我赶紧回答："不用不用，她就是头疼而已，休息一下就好了。"

"如果你叫救护车，超速的罚款可以免掉。"警察提醒着。

"她不严重，不用救护车。只要早点回去休息就好了，谢谢！"救护车的费用肯定比罚款高啊，我心想着。

警察再次离开。

彤彤问我："为什么要叫救护车？"

"我刚才跟警察说你身体不舒服，所以着急去酒店休息，希望他们照顾一下。"

"我没事儿，就是困了。你可不能跟警察说谎啊。"

不一会儿，警察拿了一堆资料回来。

他边递给我边说："罚款可以在网上交，也可以寄支票来警察局。如果你有异议可以去法庭申诉。"

我接过东西一看，除了我的证件和资料，还多了一张刚打印好的罚单，超速罚款 280 美元（根据当时汇率，合人民币约 2000 元），扣 4 分。

警察又反复说了几遍："Slow down（慢点开）。"

"好的，一定注意。谢谢！"

告别了警察，我继续前行，时刻关注着限速牌，绝不敢再超速了。

彤彤开始安慰我："妈妈，我不困了，你别着急，按规定的速度开。罚款事小，危险事大啊。"

"嗯，知道了。"唉，将近 2000 元人民币的教训呀！可以在迪士尼玩 3 天了。心疼。

彤彤干脆不睡觉了,她一边帮我看着限速标志,一边提醒我按限速行驶。

没走多久,前面不远处又有警车闪着,警车边有几个人围在那里。"一定是超速被逮了。"我心想。我把速度降了一些,想看看被抓的是什么人。可是就在经过人群的瞬间我看到一辆车四轮朝上地翻在那里,车身周围还冒着白烟……

事实是最好的教科书。想想刚才自己的超速行为真有些后怕,"Slow down",我心里一遍又一遍地提醒自己。从后视镜中,我瞥见彤彤趴在窗边看着车外发生的一切,直到我们开过那里很远,她还一直从后车窗向外看着。这次她并没有说话。

凌晨 3 点,我们安全地到达了酒店。

后来,我们回到密歇根的家里时,陆续地收到很多律师事务所的信件,内容都是与帮忙打官司、减分、减罚款以及上法庭申诉有关。但是,我都没有理睬,坦然接受了 280 美元的罚款。

成长感悟

言传不如身教，家长作为孩子的第一任老师不应该给自己不当的行为找借口。家长的一些不恰当的行为被孩子看在眼里，孩子很有可能去效仿。还好，彤彤是守规矩的孩子，这次超速是她指正了我的侥幸行为，也很庆幸我们这次没有发生交通事故。不论多急，安全第一。相信这次对我和孩子都是鲜活的交通教育课。

彤彤的话

回忆当时在车里，我一觉醒来，迎接我的居然是警察？！不管是谁看到这场景都会吓一跳吧。妈妈倒是挺镇定的，那几个壮壮的警察看起来真的很威武啊！在了解了当时的情况后，我本能地跟妈妈说了我的看法，无论如何也不能超速，要遵守规定，小学老师都讲过的。我认为她做得不对，而妈妈很认真地回应我。

我认为最重要的是，不要因为对方是大人就不敢说出自己的想法，能够表达出自己的意见并被聆听其实是很美好的感觉。每次回忆起这件事，我都很感谢妈妈能够认真地听我讲话，并且遇到什么事她都会和我商量，我们彼此尊重，无论是当时还是在之后的每一次。在这个世界上，每个孩子的想法都应该被聆听。

维兹卡亚庄园风波

维兹卡亚庄园，临海而建，曾经是工业巨头詹姆斯·迪尔润的私人度假庄园，在20世纪初，由来自意大利的1000名工匠耗时5年建成。这个私人庄园曾接待过不同国家的多名政要，被公认为是美国黄金时代最重要的文化遗产，现在是迈阿密最著名的历史地标之一。

整座庄园是仿意大利文艺复兴时期的建筑，3层楼里共70个不同风格的房间，展出主人生前收集的15世纪至19世纪的精美艺术品和古董家具。户外10英亩的花园幽雅宁静，植物被修剪得整齐且有造型，欧式喷泉和雕塑点缀其中，处处体现出精美奢华。这是我们第一次到真正的大庄园游览，宁静祥和的文化氛围及自然风光都令人叹为观止。

彤彤对这些悠久的历史、豪华的陈设并不感兴趣，反而是对前院被修剪得很整齐的树迷宫更感兴趣，她在里面玩得不亦乐乎。这和我们前来的本意不太一样，唉！我开始发挥家长的权威教育她："要多学习有历史的东西，要多看大师的作品，要志存高远……"可是，对于仅有11岁的彤彤来说，她只关心眼前的游戏是否好玩，对我说的这些大道理一概屏蔽。

但她拗不过我，也知道我说的都是对的。于是很不情愿地跟着我在楼里参观了一遍，随后我们来到庄园的后院，这里是一片私人的海域，周边的红树林形成了天然的屏障。

离岸边不远处的海中有一艘石头做的船，有点儿像颐和园的石舫。岸

注：1英亩≈4046.86平方米。

边可以顺着石头台阶下到海边,彤彤一向喜欢水,她马上跑过去,把两只小手泡到海水里,来个亲密接触。

台阶上还有个美国小男孩儿正坐在那儿玩儿玩具,是个一上发条就可以边唱歌边旋转的游乐场小飞椅。彤彤见了新奇的东西,慢慢凑到了小男孩儿旁边,站在那里盯着看小飞椅。我看出女儿的心思,推了推她,示意让她过去一起玩。可是她显得很拘谨,没动。我继续鼓励她,可她还是扭扭捏捏的不愿主动说话。来美国这段时间,我总希望她多与当地人交流,提高英文口语水平,于是我再次用自己的方式"鼓励"她:

"去吧,听不懂就比画呗。"我说着,推了一下她的肩膀。

这时,一向爱面子的彤彤不高兴了:"要去你去!"然后扭头就跑开了。

嘿!我帮你你还不领情?我转身坐到旁边开始生闷气。

过了一会儿,我发觉没有动静,便忍不住扭头看了看,却不见了彤彤的身影。刚才,她还坐在不远处的一个桥墩上,可现在那里空荡荡的。我赶紧到处去找,兰花展厅里没有、花园里没有、树林里没有,连厕所里都没有。我又跑回刚才我们闹别扭的岸边,依然不见踪影。这个庄园是封闭的,她应该不会跑得太远,楼里面她不喜欢应该不会去,可是她会去哪儿呢?我着急了!此时我真的害怕了,害怕彤彤会遇到危险,害怕她消失在异国他乡,害怕刚刚到美国实现了我的梦想就被告知这是个错误的选择。无论是哪一点,我都无法向家里人交代。

就在无处可寻的时候,我猛地想到了她喜欢的树迷宫。于是我气喘吁吁地跑到前院,果不其然,身着粉色衣服、梳着马尾辫的女儿在绿色的树

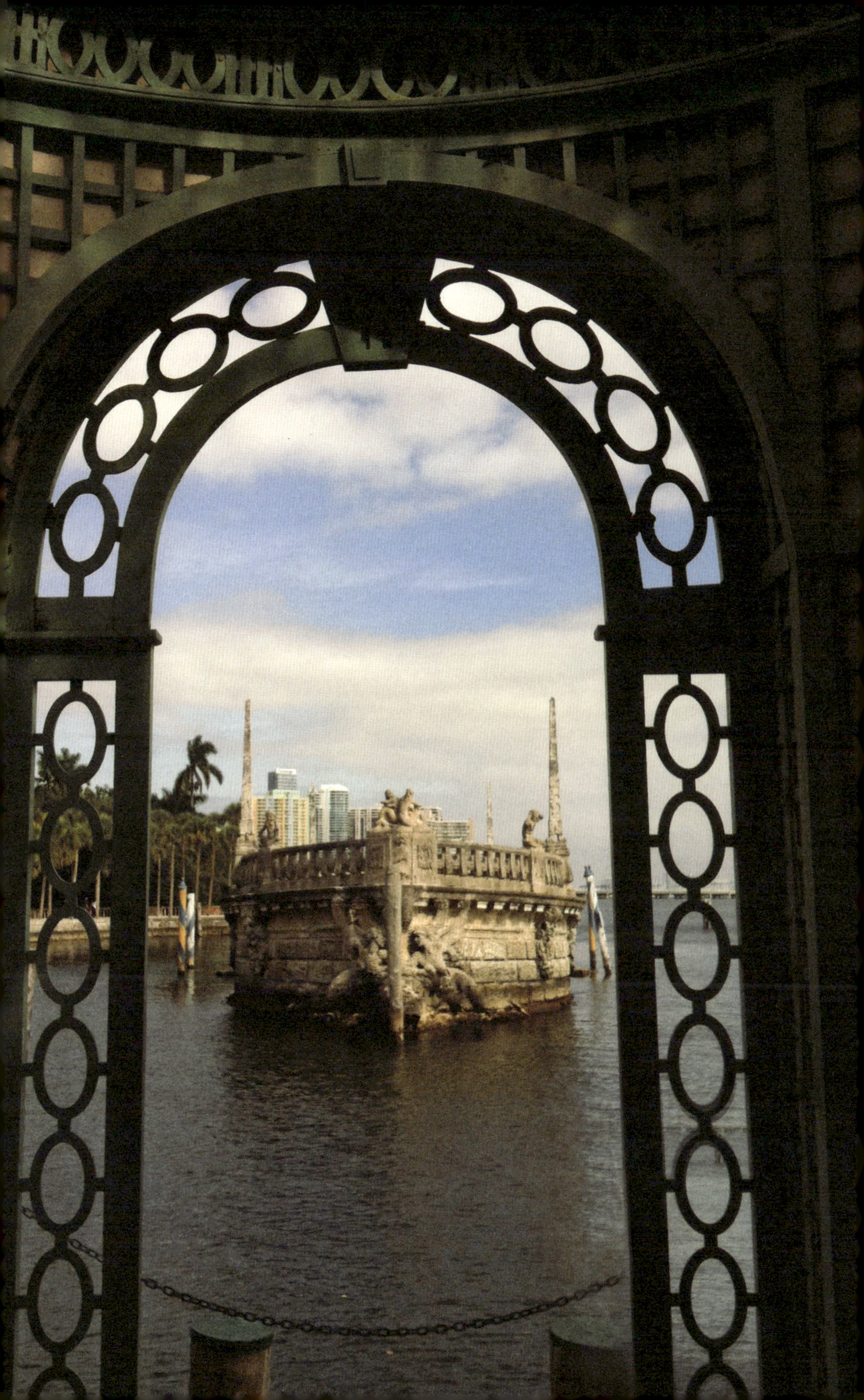

丛里特别显眼，旁边还有那个美国小男孩儿，他们居然在一起玩儿呢，彤彤手里还拿着那个小男孩儿的小飞椅。

我正要发脾气，可转念一想我曾经不耐烦的态度对她无济于事，便忍住了。

我慢慢走到树迷宫旁边，在她能看到我的地方停下来，看着她和美国男孩儿在说着什么，我心里产生了一丝愧疚，刚才对她的态度确实有点儿着急了。想想自己小时候也非常不喜欢大人这样的"为我好"。

这时，彤彤似乎看到了我，但马上又假装不看我这边，继续和那个男孩子一起玩儿。

过了一会儿，男孩子的妈妈要带他走了，彤彤归还了玩具，跟男孩子挥手告别，然后默默地走到我身边来。

我没有像以前那样抱怨她，而是拿出纸巾默默地擦去了她额头上的汗水。

"妈妈，我有点儿饿了。"

"我也饿了，我们去吃迈阿密的特色Crab cake（螃蟹糕）吧。"我回应着。

"太好了！"彤彤开心地回答，像什么都没发生过一样。

晚上，我们躺在酒店的床上，彤彤躺在我的怀里聊天，这是我们来美国以后养成的习惯。今天什么地方好玩，什么东西好吃，学习到了什么内容。说完了开心的事，我主动提起今天上午的事，但是我并没有批评彤彤，而是说出了自己的问题："今天上午妈妈让你跟小男孩儿一起玩的态度太着急了，以后妈妈不强迫你做事情，不给你压力了。"我用手抚摸着她的头发。

她眨巴着眼睛，怯生生地说："我以后也不随便发脾气，跑到妈妈找不到的地方，让妈妈着急了。"

"拉钩，就这么愉快地决定了！"我伸出小拇指钩住她白皙的小手指头。

"我也钩住妈妈不让妈妈跑掉！"

我摸摸女儿圆嘟嘟的小脸，亲了亲她的额头，她也紧紧地抱着我。

这是我们第一次直面不愉快的问题，以前遇到问题时都是回避着不去解决，就像没发生过一样。

正如我们约定的那样，我再也没有给过女儿不该承受的压力，或是找借口强迫她做一些她不愿做的事。而她，也再没有因为生气而逃跑，反而会怕我担心，每次出门前都一再地告知我她的行程和回来的时间，一直到现在。

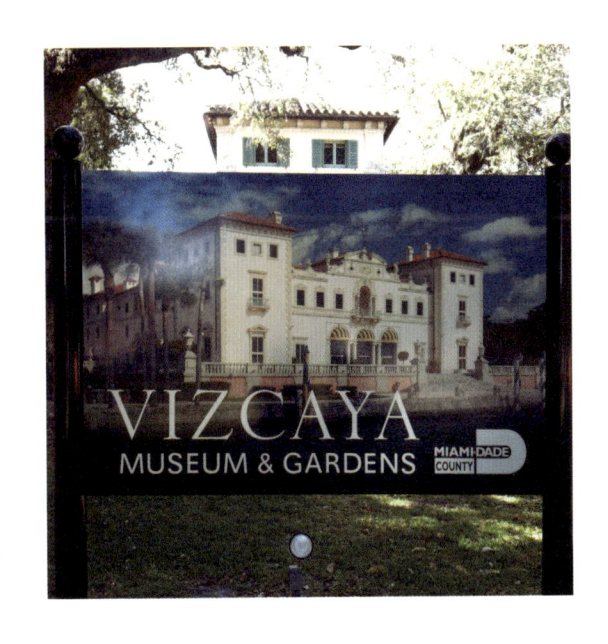

成长感悟

在面对来自家长的压力时,每个孩子的反应都不一样,他们都想用自己的方式保护自己。我的女儿在感觉到了强迫和压力时选择的是逃避,因为她不想说谎、不愿顶嘴,也不知道该如何面对。旅行就是一个放大镜,在短时间内可以放大每个人性格上的弱点。

在出现问题时,家长总是埋怨孩子做事的态度和方法,很少检讨自己的行为。其实,很多看似孩子的问题,家长才是始作俑者。当抱怨和指责孩子时,孩子也会反过来指责家长。因此,家长的做事风格直接影响到孩子的性格和三观的养成。做智慧的父母,从自省和认错开始。而且奇怪的是,当我改变了,孩子也就改变了。

吾日三省吾身,同孩子一起进步。

彤彤的话

我妈妈是个极其开朗的人,她可以非常自信地用不熟悉的语言和陌生人侃侃而谈。但是对于我来说,却不太能做到这种,我认为这是"很丢面子"的事。那次庄园事件中,我不愿接受妈妈的建议,就算她再为我好,在我看来她所有的话语也都是强迫。所以一气之下,我险些制造了悲剧。虽然以前我也会抱怨她不体谅我的情绪,但后来想想她也是为我好。我很幸运,有一个爱我的妈妈。我佩服她的机智;佩服她总是能够把失落变成欢喜;佩服她能主动向我道歉,而这些都会让我更愿意去变得更好。

大沼泽地的鳄鱼

大沼泽地国家公园是美国第三大国家公园，这里辽阔的沼泽和星罗棋布的红树林为无数野生动物提供了安居之地，是美国本土最大的亚热带野生动物保护地。美国作家道格拉斯曾经把迈阿密的这片沼泽地描述为"地球上一个独特的、偏僻的、仍有待探索的地区"。因此来迈阿密必去大沼泽地国家公园，特别是要去看看著名的美洲短吻鳄。

如何探访这些野生家伙的栖息地呢？公园里有一种特殊的 Air boat（大气垫船），这种船靠船尾部的大螺旋桨推动充满气的船身在沼泽地里飞快地行驶，因此大家也称它"草上飞"。由于大螺旋桨工作时会带来巨大的噪声，所以登船之前，为了保护听力，驾驶员会发给每个乘客一对耳塞。船长坐在气垫船尾部高高的驾驶位上，头上戴了一个大耳罩以隔绝噪声。我们带着一颗好奇的心坐在了船头第一排的位置上，把耳塞塞好，充满期待地等着气垫船带我们进入大沼泽的腹地去寻找鳄鱼。

大沼泽地广阔无垠，波光粼粼。船长发动引擎，大螺旋桨旋转起来，发出轰轰的响声，船身微微离开水面，向沼泽中央快速地"飞"去。沼泽地和湖泊不太一样，湖泊主要是水，而沼泽地则是在水面上布满茂密的水草，翠绿色和棕色交织成一片。这时候就体现出"草上飞"的优势了，它不需要像普通的船那样绕水路而行，而是迅速地从草面上轧过去。水草表面高低不一，气垫船便会随着草势上下颠簸前行，就像游乐场里的"疯狂老鼠"。船上的乘客都十分兴奋，我们坐在第一排，"飞"的感受更加直接。彤彤开心极了，两只手紧紧握住扶手，嘴里不自觉地欢呼着："哦！哦！"

船长轻车熟路地带我们来到沼泽深处，去看在那里生活的短吻鳄。我们来到一片杂草丛生的水域，船长停下船后关掉引擎，示意我们从耳朵里取出耳塞，然后观察水中和陆地上的景物。彤彤瞪着圆溜溜的眼睛，到处寻找鳄鱼的踪迹，就像小时候看她最喜欢的那本书——《视觉大发现》一样，在一堆繁乱的物品中按要求找到相应的东西，比如3个别针、4个钉子、5个小人偶什么的，她总会又快又准确地找到。现在可是现实版的《视觉大发现》了，在沼泽地的乱草当中找到颜色相近的鳄鱼。

"Look（看）！"彤彤边大声喊边往水里指，正在向远处搜索的船员们一下子把目光聚集到她指向的地方。就在离我们很近的一片水草坑里，有一只露着半个嘴的鳄鱼一动不动。"Excellent（太棒了）！"船上十几个人兴高采烈地欢呼着，庆祝找到了第一只短吻鳄。

"Good job（干得漂亮）！"坐在我们身边的老太太也对彤彤称赞着。

突如其来的表扬和大家的反馈使彤彤有些不好意思，她低了一下头，脸微微泛着红，然后转过头来对我伸了伸舌头。

此时，船上的人都兴奋起来，目光快速在周围搜寻，时不时地听到有人大声呼叫："看那里，远处，树下。""这里，草地上露出了尾巴。"

这是我第一次看到野生美洲短吻鳄，曾经只在动物园的两栖爬行馆里见过。"这种短吻鳄是西半球最大的鳄鱼，它的嘴比其他种类鳄的嘴宽，稍短，前面不那么尖，嘴闭上的时候不会露出下颚两边的尖牙。现在世界上只有两个国家有短吻鳄：中国和美国。中国短吻鳄生长在长江沿岸的保护区里。"我给女儿简单介绍了一下短吻鳄，这是来之前我做好的功课。她点着头，投来仰慕的眼神。我也感到很满足，总算功夫没有白费。

大家重新戴好耳塞，开船去下一个鳄鱼聚集地。

行程的最后一站是近距离观察鳄鱼，到达后我们跟着游客们下了船。刚好岸边有两只鳄鱼正张着嘴在草地上趴着，像雕塑一样一动不动，于是大家纷纷拍照。

"妈妈，那两只是假的吗？它们一直晒着太阳不怕热吗？"彤彤的小脑瓜开始运转起来。

"你觉得呢？"彤彤每次问问题，我都会让她头脑风暴一下。

"它身上没有毛不会出汗，张着嘴就能降温，像狗一样。"她回答着。

"我告诉你吧，鳄鱼是冷血动物，它们晒太阳是帮助提高身体温度消化食物呢。"我说。

"它们一直张着嘴，是不是让太阳消毒牙齿？"彤彤问。

"它们张嘴不是为了消毒牙齿，而是等小鸟来帮它们做清洁。鳄鱼每

次吃过食物后，牙齿里都会有残渣，所以就需要小鸟来给它们剔牙，就像犀牛鸟清理犀牛身上的寄生虫一样。"我以前在非洲拍摄动物时了解了一些动物的生活常识，这次又用上了。

"那小鸟会不会觉得鳄鱼的嘴巴臭啊？鳄鱼要是闭上嘴把小鸟吃了怎么办？"彤彤继续发问。

"这个问题你问得特别好，真是个爱动脑筋的孩子。"我摸摸她的头，继续说，"每种动物都有它的生活习性和生存法则，有的小鸟就是鳄鱼的牙科医生，给它们清理牙齿。鳄鱼很享受小鸟提供的这项'服务'，它们之间是一种共生关系，所以自然不会吃它们。"

彤彤点点头，然后看了看我们刚刚走过的芦苇荡。"那鳄鱼会吃人吗？""这个问题妈妈也不清楚，咱们可以问问更有知识的人或者上网去了解一下。"

"来，咱们查一下网络上怎么说。"我拿出手机，给她演示了如何使用搜索引

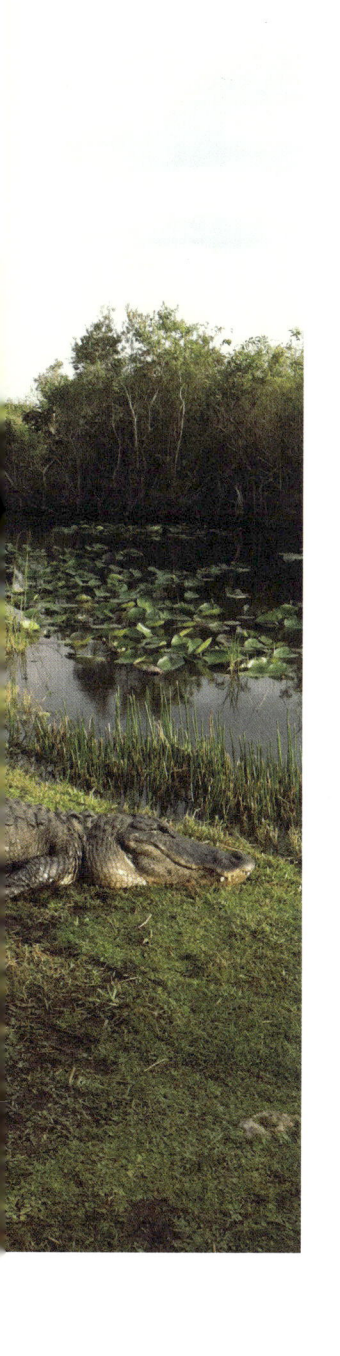

擎查资料。那个时候，女儿还没有自己的手机。"网上说：小鳄鱼只能吃昆虫和鱼类，长大后也是以鱼类和小动物为主，大鳄鱼也会吃大体形的动物。它们一般不会吃人，除非人对它们有威胁。"彤彤欣喜地看着手机里的内容，"看来我们以后有不知道的问题可以问网络了。"

"妈妈，你再问问手机，鳄鱼有几颗牙齿？"彤彤激动地问。

"我们可以把想了解的问题记录下来，晚上回去仔细查一下，现在要跟上大部队了。"我说。

我拉着女儿的手，一边聊着一边跟着同船的人前行。几只优雅的白鹭在旁边的浅水湾里觅食。彤彤伸了伸脖子，把胳膊伸直背向身后，模仿着白鹭的样子走了几步，特别可爱。

走着走着看见有人在排队，靠近一看，是抱小鳄鱼照相。小鳄鱼就三四十厘米长的样子，看起来和玩具没什么两样。"你要不要去拍一张？"我看了看女儿。

我们的旅程

35

与你一起的日子
才叫时光

彤彤观察了一会儿，然后说："好吧，我去掂掂它有多重。"

嘿，这话说得有水平啊，抱鳄鱼照相好像是执行任务一样。

排了几个人就轮到她了，彤彤走上前，按照工作人员的指导，一只手卡住小鳄鱼的腋下托住上半身，另一只手托住它粗粗的尾部，这样一来，鳄鱼就被架在空中了，看得出来女儿刚摸到鳄鱼的时候有点紧张。

"把鳄鱼转过来一点，看我这里！"我调整着她的姿态。彤彤托着小鳄鱼转向我，战战兢兢地咧嘴一笑，我赶紧把这个瞬间记录下来变成了永恒。

随后她把鳄鱼交还给工作人员，欢快地跑到我身边。

"妈妈我跟你说，小鳄鱼有一点点重，跟咱们家猫咪差不多，但它身上是凉的，肚子上的皮肤是光滑的，有点硬，后背是粗糙疙疙瘩瘩的。"我们边走边聊。

在公园出口的道路边有一些关于公园和鳄鱼的宣传牌，告诉游客这里曾经被列入《世界濒危遗产名录》中，后来保护得当才恢复了现在的生态。

"妈妈，人类抓鳄鱼干吗呀？"彤彤疑惑地问。

"看，"我指着后面一块宣传牌说，"用野生鳄鱼的皮做钱包、皮包、腰带，还有装饰品，甚至吃肉。不过现在有人工养殖的鳄鱼了，可以满足人们的需求。"

"啊？太残忍了！我可不吃鳄鱼肉，也不用鳄鱼皮包。小鳄鱼多可爱呀。"我抚摸着彤彤的头，然后搂着她的肩膀向前走去。

成长感悟

旅途是没有边际的学校，自然界是最好的教室。当孩子亲自走进自然去体验的时候，他们会打开心门，渴望获得更多的知识，而这时候的收获是永生难忘的。家长要提前做好功课，给他们答疑解惑，或者教给他们解决问题的方法，做好向导和领路人。其实一个人与大自然的关系也决定了在未来与生活环境、工作环境的关系。为了女儿健康地成长，我要陪她去感受大自然。

彤彤的话

妈妈总是喜欢带我去大自然里玩。我很喜欢绿树小草、山川湖泊，更喜欢在这样的自然里接触新鲜的、课本里没有的有趣生物。

妈妈是个智慧的妈妈，她总是装傻让我自己解决问题。现在想想正是她这样的引导，才让我找到了学习的方法和乐趣。我很感谢她。

我还想再抱一次小鳄鱼！特好玩！

基韦斯特找路

美国 1 号高速公路的南端尽头是一个叫作基韦斯特的地方，也有人翻译为西锁岛或西礁岛，是北美大陆最南端，与古巴哈瓦那遥遥相望。基韦斯特是一座热带珊瑚岛，面积仅有 19.2 平方公里，驾车环绕小岛一周仅需半个小时，但它却吸引着世界各国的观光客。著名作家海明威曾经在此居住过。这里的居民给自己生活的地方起名为"海螺共和国"，并设计了独立的国旗和护照。

我们从迈阿密出发，顺着 1 号公路一路向南，时而行驶在岛上，时而行驶在跨海的高架桥上，无论是蔚蓝的大海还是岛上醉人的绿植，每一段风景都令人心旷神怡。这里最长的一座跨海大桥约 11 公里，是电影《真实的谎言》的取景地。

我们一路走走停停拍照片，一直到了黄昏时分。听说基韦斯特被称为"日落故乡"，我们岂能错过？赶紧找了一处观景平台，停下车欣赏夕阳西下的美景。这时的太阳又红、又大、又圆，海面上没有一丝遮挡，我和彤彤一直目送它回了"家"。告别了海边垂钓的渔民，继续赶往基韦斯特。到达岛上时，天色已暗。我们边走边玩儿耽误了时间，当晚还要返回迈阿密，看来又免不了开夜车了。

"我们还是转一圈看看夜景吧，再看看这儿有什么好吃的？"彤彤在后面坐得有些不耐烦了。确实是，从迈阿密出来不知不觉已经过了 6 个多小时，她在车上只吃了一点儿零食充饥。

我们开车在街道上漫无目的地逛着，很多店铺都关门了，街头的表演者也休息了，灯火通明的地方只有饭馆、酒店和一些手工艺品市场。

再往前看到路边立了一串牌子，写着"HIGH WAY, BEGIN, 1, NORTH , MILE 0"，这是我们一路行驶的美国1号高速公路南边的尽头。我们找地方把车停下，想更近距离地了解一下这个"海螺共和国"。

为了节省时间，我们买了三明治边吃边逛，忽然看见有个卖大曲奇饼的店，这曲奇饼比脸还大。哇！看起来不错，抹茶、巧克力豆、香草……好多种口味啊，哪个味道没吃过呢？

"妈妈，咱们买这个姜汁肉桂的吧。"还没等我说出口，彤彤先揪了出来，正合我意，她受我的影响比较喜欢猎奇。

左手三明治右手大曲奇，满足感油然而生，我们继续逛着。在高高的棕榈树掩映下有一栋两层的白色建筑，感觉比其他的房子更气派，但因为天黑看不太清楚。一只猫顺着墙边走过来，从已经关闭的大门下面钻进去，门边的墙上写着"Ernest Hemingway Home（海明威故居）"，哈哈！真是得来全不费工夫，本来还怕天黑找不到呢。刚刚的那只猫应该是只六趾的"海明猫"吧（一个船长送给海明威一只代表幸运的六趾猫"雪球"，它的后代都有个六趾的特点，被称为"海明猫"）。

我很喜欢海明威的小说，特别是《老人与海》。"这个海明威爷爷就是小说《老人与海》的作者。" 我对彤彤说。以前给她读过这本书，之后她总是要我讲给她听，每次讲到惊险的场面，还要让我多念几遍才满意。

END
1
0
Key West
End of the Road

FLORIDA SCENIC
HIGHWAY
FLORIDA KEYS
SCENIC HIGHWAY
BEGIN
1
NORTH
MILE
0

她知道了这是作者的住所,顿时好奇起来,不时探头向里张望。

"海明威爷爷还住在里面吗?我能见到他吗?"

"这是他生前住过的地方,这个爷爷已经去世了,所以这里叫作故居。"

"哦,我想进去看看他住过的地方。"

"好呀，不过今天不行了，下次来的时候我们再看吧。每年岛上还会举行海明威模仿秀，碰巧的话，就会看到满大街都是大胡子的海明威爷爷呢。"彤彤恋恋不舍地告别了海明威故居，一路欣赏着夜景，看了看代表北美大陆最南端的"大陀螺"标志，然后来到一个出售礼品的大市场。市场里出售天然海绵、鲨鱼牙齿、印着当地风景的明信片、冰箱贴，还有与"海螺共和国"相关的纪念品。在市场中央的大桌子上，堆满了形态各异、色彩丰富的贝壳，很多都是我们从没见过的，彤彤爱不释手地挑来选去。

时候不早了，我们要抓紧时间赶路。彤彤拎着一口袋漂亮的贝壳跟我回到车上，准备打道回府。

这次出行，我把设置导航的任务交给了她。

"OK（好的），导航设置好了，可以出发了。妈妈你可别着急啊，按限速开车，我不困，我帮你看着。"听着她的细声细语，我心里暖暖的。"好的，我的小公主，马上出发！"我开玩笑地回应着。

大约开了10分钟，前面的车突然减速了，这么晚了还会堵车？我从车窗探头看了一下，开往迈阿密方向的路旁有黄色的灯光在闪烁，一些工人在路中间忙碌着。

"怎么了？"彤彤看着外面的情况问我。

"封路了，应该是道路维修。"我答道。

我跟着前面的车拐到了另一条路上，本以为可以跟着他们出岛，但开了一会儿我发现那些车并没有向出岛的方向行驶。

上下岛只有一条路，我又按照导航的指示继续走，绕过几条街后，又回到了正在维修的那条路上。我只好从另一个路口出来，故意又向前开了一段，可是导航总是指挥我走回那条正在维修的路。

"怎么还是这条路，就没有其他的路吗？"我不由自主地唠叨着。

这时，彤彤安慰我说："妈妈你别着急，走别的路试试。"

"刚才都试过几次了，就是绕不过去。实在不行，就睡一觉等天亮了再走吧。"我看了看表，已经9点多了。

"咱们再试试吧，我觉得只是这一段不行，要不大家都回不了家怎么办？"彤彤继续安慰我。

"但是导航总不会骗人吧，咱们都绕好几圈了，也没出去。"我有些着急了。

"还是再试试同一方向的路吧，也许到时候就会有新路了。你忘了上次咱们去兰辛湖公园玩儿，导航老是让你走高速，可我们想走湖边，你没听它的，后来不是就改了一条湖边的路吗？"彤彤镇定地跟我说。

说得有道理，不按导航，再走远一些试试。这次我开进一片住宅区，没有走大路。导航仍不厌其烦地让我左转回到原来那条路上，但我坚持在黑漆漆的住宅区里开。这边没有路灯，只有各家院子里的荧光反光牌被车灯照得发亮。

夜深了，我顺着路拐了一个小弯，车灯晃过的树林里有几个亮闪闪的光点。

"鹿！看鹿群，眼睛好亮！"我叫了一声。

彤彤在后面向窗户望出去。"在哪儿？"

"就在刚刚拐过来的树林里。这个位置看不到了。"

"看到鹿了，就是看到路了呀！"彤彤一语双关地安慰我。

"好的，希望是吧。再往前走一点，不行就回去找地方住了。"

"嗯，如果再过两个路口还不行就回去。"

我们继续按自己认定的方向开着，大概1公里后，忽然听到导航说"继续直行"！不再指示回到原路了。我和女儿同时兴奋地欢呼起来。看了看导航，真的规划了一条回迈阿密的新路，我自言自语道："幸亏坚持了这几公里，差一点就放弃了。"

成长感悟

当局者迷，旁观者清。有时候太相信自己的判断，而忽略了其他的可能性。共同面对一些新情况时，很多做家长的固有知识优势不见了，反而孩子的建议更有效。托女儿的福，她的建议让我们找到新的路线，非常感谢。有些时候只需要再坚持一点点，结果就会不一样。

彤彤的话

高科技也有死角，人的大脑可以很灵活。再说，条条大路通罗马，我们怎么能在一棵树上吊死呢。

密歇根州之旅

Michi
State

东兰辛 ⟶ 特拉弗斯城

著名歌手麦当娜的故乡密歇根州位于美国中北部的五大湖地区，首府兰辛。这个州作为汽车工业的诞生地而闻名，汽车制造商亨利·福特（Henry Ford）就出生在这里。

密歇根州由两大半岛组成，分隔两半岛的水面叫作麦基诺水道。南部为下半岛，面积较大，是该州的主体，与印第安纳州和俄亥俄州接壤。半岛西、北、东三面被密歇根湖、休伦湖、圣克莱尔河和伊利湖环绕。这里温度比北部平均温度要高，可以达到14摄氏度，植物有6个月的生长期，降雨量也更充沛。而北部的上半岛（Upper Peninsula），面积比较小，北濒苏必利尔湖，南临密歇根湖，东端为圣马里斯河及苏运河，与威斯康星州比邻，并与加拿大隔湖相望。密歇根全州湖岸线长达5000公里，拥有全美最多的休闲船只。

密歇根州的主要旅游胜地有特拉弗斯城（Traverse City）、麦基诺岛（Mackinac Island）以及整个吸引着来自北美的运动员和自然爱好者的上半岛。

这次的行程是

上岛 → 东兰辛

特拉弗斯城度假村

刚听说"上岛"的时候想到的是国内著名的上岛咖啡店,后来才知道这是对密歇根州上部分半岛的简称,那里景色优美,但由于路程的原因游客不多。我查阅了相关资料,发现国内对上岛的介绍非常少。作为一个喜欢猎奇的摄影师,有这样的美景我岂能错过。

上岛可玩的地方不少,由于时间原因,我选择了最感兴趣的地方,密歇根州最大的瀑布——塔夸默农瀑布。据当地人说,这里的秋景是最美的。

东兰辛距离瀑布有 200 英里,导航给出的时间约 6 个小时,因为全程都是乡村公路的原因,车程比我预想的时间长了一倍。由于要等到周五彤彤下课后才能启程,因此我们决定在中途住上一晚,我选择了这个州里比较热门的城市——特拉弗斯城中一个评分比较高的度假村。

周五下午,我去学校接上彤彤便一路向北。路上车不多,乡村的田野、牧场、谷仓在夕阳下格外美丽,吸引着我们不时停下车驻足观看、拍照。

不知不觉,到达特拉弗斯城时天已经黑了。我们预订的度假村叫 Summit,翻译过来是山顶的意思。看导航规划的路线正在把我们带进山里,我确定度假村应该在山顶上,便小心翼翼地顺着蜿蜒的山路向上开去。

山路上没有灯光,只能靠远光灯照亮有限的范围。行过数不清的弯道后,终于抵达了道路尽头的开阔区域,度假村到了。但是这里看起来黑漆漆的,只有从一栋栋 3 层小楼走廊里照射出来的微弱灯光,这昏黄的光线仿佛在招呼我们快去休息。

我环顾四周,发现这家度假村没有主楼和接待大堂,甚至连个人影也没有。我原以为价格不低的度假村应该是豪华有品位的,可是眼前的冷清让我有点失望。那么问题来了,我们怎么办理入住手续呢?恍惚间记起预订房间时收到的邮件里提到过晚上8点以后办理入住的流程,可当时我并没有在意,也没有想到会这么晚到。山里信号不好,手机网络打不开,邮件也调不出来。

可能是看我折腾半天也没什么结果,彤彤提议说:"还是找人问问吧。"我开着车在度假村里转悠。

终于见到一个人影,不管是不是这里的工作人员,我都要下车去问问。幸运的是,他虽然是位游客,但是在这里已经住了一段时间,对整个度假村都轻车熟路了。他给我指了接待中心的位置,然后告诉我去那房子后门的邮箱里找钥匙。我和女儿按他指的方向找到了接待中心,绕到后门,我看到侧面的墙上有一个大的塑料邮箱。打开邮箱门看到一个信封,信封里面有一把写着房间号的钥匙和一张度假村平面图,图上空白的部分写着我的名字和欢迎入住的字眼,同时在下面的地图上标注了房间的位置,我这才松了口气。

我们拿着这些东西回到车里,彤彤看着平面图指挥我如何走,我慢慢开着车。

"就是这栋,左边这个。"她兴奋地喊着。我核对了一下楼号,把车停到楼前的停车场。这是一幢木质结构的二层小楼,在走廊灯光的照射下

显得古朴自然。

　　我们顺着楼梯来到了 2 层，"到了到了！终于到了。"她开心地说着。打开房门，摸到左边的开关开了灯，迎面是两张超大的床，以及满屋子森林主题的装饰，床头摆着木刻的松果和大熊，床尾雕刻着森林里的大树和鸟，就连床单也是森林图案的，既温馨又有格调，暖气散发着暖风，把 10 月初的寒冷驱散。好有家的感觉。顿时觉得房间的品质不错，不枉费我们摸黑上山又寻找多时的努力。随意吃了些带来的食品，我和彤彤聊了一会儿，很快就进入了梦乡。

　　第二天一早，拉开窗帘，哇！首先映入眼帘的是一个蓝色的游泳池，由于温差大，水面上冒着浓浓的白色水汽，周围环绕着几棵大枫树，树叶的颜色从绿渐变到红色,在白雾中显得神秘又美丽。眼前意外的美景将昨天驾车的疲惫和些许的困意一扫而光。

我叫彤彤起了床,穿好衣服就迫不及待地跑到外面去了。天空阴沉飘着毛毛细雨。原来,这里是一个高尔夫俱乐部度假村,一栋米黄色的欧式建筑给这里增添了贵气,一排漂亮的老爷车停在门口的停车场里,周围一片片高尔夫球场果岭被细雨冲刷得翠绿耀眼。我们在度假村四处逛着,欣赏着这里的一切。细雨就像喷水壶里喷出来的水雾洒在脸上,落在头发上,形成一层细细的小水珠,晶莹闪闪。我看着彤彤水汽蒙蒙的小脸哈哈笑着。空气清新凉爽,感觉吸进肺里的不只是含氧量很高的空气,更是天地日月之精华。

"那边有缆车耶!"我顺着彤彤指的方向看过去,缆车轨道横跨在山谷之间。我们跑过去,一探究竟。缆车没有运营,一个个整齐地排列在索道上。坐在上面可以俯瞰森林和山谷的景色,一直通向对面山顶的几条滑雪道。

嘎嘎嘎,一群加拿大鹅排成"人"字形从头上飞过。

"大雁!"彤彤指着它们兴奋地喊着,加拿大鹅也叫北美黑雁,我们习惯了把它们叫作大雁。

哇,好美,本就生动的景色又添加了自然的灵性。

"妈妈,我想起一首唐诗,就是讲这样的景色的。"

"哦?说来听听。"

"自古逢秋悲寂寥,我言秋日胜春朝。晴空一鹤排云上,便引诗情到碧霄。"

与你一起的日子

才叫时光

我们的旅程

女儿稚嫩的声音不假思索地背诵出来，我很惊讶。看来小学老师要求孩子背唐诗是有用的，虽然他们背的时候不是太懂，但是已经深深地印在脑海里了，当遇到适合的情境，就能很自然地跳出来。

"不错哦，这是刘禹锡的《秋词》，正好应景啊。你看这里山明水净，树叶黄里透红、红里透黄，早晨的树叶上有一层薄霜，刚刚飞过去的大雁，虽然不是仙鹤，但也是起到了相同的作用。中国的唐诗就是美。"

"妈妈，你说这个诗人是不是来过这里？"

"这是中国的诗人，描写的是中国的景色，我们国家也有很多漂亮的地方呀。而且1000多年前也没飞机，刘禹锡也来不了呀。"

"妈妈你说他能不能骑大雁来呀？"

"那得让小精灵把他变小才行啊！你知道吗？我小时候特别喜欢的一个动画片叫《尼尔斯骑鹅旅行记》……"

我一边讲着故事，一边和彤彤往游客中心走去。

昨天晚上黑咕隆咚的游客中心，已经将它的本来面目呈现在我们眼前，清晰明亮，现代感十足。走进接待大厅，穿过去就是餐厅。我们坐在高高的落地玻璃窗边，享用丰盛的早餐。极目四望，薄薄的雾气蒸腾在山中的河面上、飘荡在色彩斑斓的树林中，窗外的景象就像书中描绘的仙境一样，好惬意、好享受。

成长感悟

1. 在出行前要做好充分的准备，提前了解好各种情况，避免出现意外时不知所措。
2. 时间观念很重要，事先应做好规划并按照执行。不要太贪恋路上的美景而耽误时间，导致在晚上开山路。

彤彤的话

在我的回忆里，我们总是在路上，无论雨打风吹，还是阳光照耀，我们一刻也没有停歇。另外，中国的古诗词确实太棒了！

塔夸默农瀑布

塔夸默农瀑布是密歇根州的第一大瀑布，位于该州第三大公园塔夸默农公园内，这里主要观赏区包括一个15米降距的上游瀑布、几个小瀑布和急流组成的下游瀑布。上游瀑布的河流流量每秒高达200立方米，是密西西比河东边上游的第二大水量的垂直瀑布，仅次于尼亚加拉大瀑布。

除了欣赏瀑布，森林徒步、丛林探险、生物多样性考察也是这里的特色项目。

要到达上岛的塔夸默农瀑布必须跨过连接上下岛的马琪那大桥（The Mackinac Bridge）。这是世界上单孔跨度最大的悬吊桥，跨越密歇根湖和休伦湖之间的麦基诺水道。

出发之前设定导航时，奇怪的事情发生了，输入"塔夸默农公园"后，导航仪无法识别大桥，无论我们怎么调整，都显示要绕路，而且是绕到印第安纳州和威斯康星州。这可怎么办？彤彤的小脑瓜很灵活，想出了一个分段导航的方

我们的旅程

案:"我们找一个大桥这边的餐厅,输入餐厅的地址,这样我们就可以到达大桥边上了。"

"好主意!"我夸赞道。

随后,她查找了一下,设定了一个位置。虽然她只有 11 岁,自从来到美国就成了我的好帮手。

行驶了大约 30 分钟,顺利地找到了所设定的餐厅,但是依然看不到大桥。此时再设置到瀑布的位置,导航再次给出绕路的方案。我把车停在餐厅门前,再次和导航仪较劲时,彤彤主动请缨:"妈妈,我去餐厅里找

人问问吧。"这是她第一次主动提出这样的请求。我很欣慰,同时也有些担心,不知道她能不能表达清楚。毕竟她才在美国学校上了1个多月课。

彤彤下了车,走进餐厅。不一会儿,她蹦蹦跳跳地出来了,一溜小跑来到车上,看样子是搞定了。"妈妈,我跟你说,我们已经到大桥了,就在餐厅的后面,我们这边被树和房子挡着看不到,我刚才在餐厅那边的窗户已经看到大桥了!"

"哦?那现在怎么走?"

"从这条路向前,第二个路口向左转就能看到了。我们也可以把车停在这儿,然后去逛一下附近的小店,再到大桥那边拍照。我看到餐厅里就挂着大桥的照片呢。"她边说边指了指餐厅前面的主路和周围的小店,"这是刚才餐厅的服务员姐姐告诉我的。"她还补充了一句。

"太棒了,你不仅问了路,还获得了不少有用的信息呢。"我表扬着彤彤。然后我们先去逛了几个特色小店,为了表示鼓励,我买了一袋彤彤喜欢的彩色爆米花,她开心极了。

我们继续前行,找到了大桥,并在桥边拍了纪念照。顺利通过马琪那大桥后,再行驶40分钟就到达了塔夸默农公园。美国的公园与国内不同,这里没有围墙,整个山区都是公园,要开着车前往各个观景点。我们时间有限,不可能逛遍所有的景点,就选择最主要的瀑布了。这个景点的入口是一个很大的房车营地,这里停了很多房车。开房车旅行是很多美国家庭选择的出行方式,方便又自在。我们把车停在营地旁边,开始在森林里徒步,按路标寻找瀑布。

秋天是密歇根最美的季节，正适合欣赏色彩斑斓的大自然，光是各种树上的叶子就有几十种颜色，它们从粉到红、从绿到黄……走在铺满落叶的森林小径上，脚下发出沙沙的响声，耳畔回荡着清脆的鸟叫声，空气中散发出雨后天然植物的清香，眼前的景象像电影里一样，那么真实，触手可及。

塔夸默农瀑布的水流湍急，落差大，离得老远就可以听到哗哗的响声。这个瀑布最大特点是呈现出棕黄色，这是土壤中所含的矿物质造成的，与周边彩色的树叶交相辉映。

这里也是动物们的乐园，此起彼伏的鸟叫声，像合唱团的高低声部互相应和。鸟儿们胆子小，都藏在密林中，不容易寻到，但只要看到的就是极美的，红艳艳的、蓝澄澄的、绿幽幽的……羽毛颜色的纯净难以形容。比鸟类更难见到的是哺乳动物，白天人多它们是不出来的。

再往前走，来到了游客中心。这里为游客制作了一些动物标本和动物模型供大家了解。更有意思的是在门口的水泥路上印了各种哺乳动物的脚印，大大小小，形态各异，一直延伸到树林中，用另一种形式向游客展示了生活在这片森林里的"居民"。

"妈妈你看这个爪子印，像小手一样，指甲很长，是什么动物的脚印呀？"一个跟小狗爪子差不多大小，五个指头还可以分开的脚印在地上不远处，一直延续到密林深处。

"不知道呀，我也没见过。不像狼，也应该不是猫。你想想原来咱们家的猫咪洗完澡，爪子湿的时候走在地上是不是这样的脚印？"

"好像不是，猫咪的脚印是梅花一样的。"她想了一下，"妈妈你看

我们的旅程

那边有个说明。"说着,彤彤向一排展示牌跑去,我也随着凑到跟前。牌子上介绍了每种脚印的"主人",很多动物的英文名字都没听过,我们一边查字典一边对照脚印识别。

"妈妈你看这个是刚才咱们看到的脚印,是什么动物?"彤彤指着牌子说。

"R - A - C - C - O - O - N,"我边查边念,"是浣熊,是小浣熊的脚印。"

"是有个黑眼圈的小浣熊吗?我在书上看过的,这里有吗?是活的吗?"

"这里的应该是活的,是住在森林里的。"

"我也想看看,我还没见过活的小浣熊呢,它们长得特别可爱。"

"白天它们回家去了,晚上人少了它们才会出来。"

"那咱们能待到晚上吗?"

"这么大的森林,我们也不知道小浣熊在哪儿,而且你看这些大脚印,是狼和其他猛兽吧?我们还是不要留在这里了。"

彤彤在这条路上来来回回地跑着、看着,找各种动物对应的脚印,又顺着它们的脚印走,看它们去到了哪边的森林,边玩儿边学很有兴趣。

等她跑累了,我们便到游客中心休息,顺便看看有什么纪念品。美国很多公园都不收门票,他们的收益来源就是这些带有景区特色的精美纪念品。游客中心靠外的一间屋里有森林题材的工艺品、动物形象的首饰、带公园名字的木头钥匙链、明信片、冰箱贴等。里面一间屋子光线有点暗,彤彤走在我前面先进去了,然后又马上兴奋地跑出来:"妈妈,你快来看。"

发现什么新大陆了这么激动?我好奇地走进去。天啊,像进入了萤火虫洞，萤光点点，感觉好浪漫。在萤光当中，隐约还有大熊在河边喝水，或者小浣熊在林子里探出头来……好逼真、好可爱。仔细一看，原来是 T 恤衫，这些萤光的图案是衣服上的装饰画。彤彤非常喜欢一件全是萤火虫图案的，在黑暗的地方能看到萤火虫发着亮光。

彤彤心满意足地带着漂亮的衣服和满满的记忆离开了公园，今晚我们住在上岛。

成长感悟

1. 在旅途中，意外时有发生，每到这个时候我和女儿就变成了战友，共同面对困难，解决问题。在一次次沟通和解决问题中我和女儿的感情也越来越深。女儿的自信也在不断解决问题中建立起来。

2. 读万卷书，更要行万里路。大自然带给我们太多书本里没有的知识和感动。

从小跟着妈妈天南海北去了很多有意思的地方。除欣赏风景外，还锻炼了与人交往的能力和生活技巧。在我眼里，妈妈就是女超人，旅行中的一切问题好像都不在话下。不过，就算是超人，也有着急的时候。这时，就要靠我这个超人的女儿来帮她解决问题啦，哈哈！

彤彤的话

穿越迷雾丛林

从塔夸默农公园出来，我们顺路去了白鱼湾（Whitefish Bay），白鱼湾里也许没有白鱼，而是苏必利尔湖南岸一个较大的港湾，是南北航运的主要途径。白鱼湾的湖水看似平静，其实水流变幻莫测，据说这里是苏必利尔湖上沉船最多的地方，被称为船舶的墓地。而还在使用中的白鱼角灯塔，从1849年至今都在为渔船指引方向，是渔民心里的一盏明灯。

天色将晚，该回去了，我可不想总是开夜路。我们按照导航的引导行驶进一片森林中，在夕阳的余晖下，两边的树叶呈现出各种不同的颜色：红、黄、棕……美轮美奂，上岛的秋天如童话一般，只有身临其境才能感受得到。

偌大的森林里，就我们两个人、一辆车，这种场景已经不是一两次了，我们早已习惯了这样的旅程。

太阳落下得很快，夜幕降临了，之前的五彩斑斓刹那间被黑暗淹没，原本的梦幻也随着光线的消失而悄然褪去，取而代之的是无边的寂静和一丝丝的阴森。森林里只有我们一辆车在行驶，我打开车灯，这是当时唯一的照明设施，我和彤彤一路聊着天，也是为了缓解我内心些许的紧张。

开到密林深处，或许周边有湖水的缘故吧，路面上弥漫着一层厚厚的雾气，像是《哈利·波特》中伏地魔就要出现的场景。车在迷雾中穿行，能见度越来越低，我们只能依赖远光灯和导航前行。经历了之前的几次事

件，我开始怀疑导航的路线是否正确，怎么会走到这个渺无人烟的地方？

　　车外的雾气越来越浓，很诡异的样子，车内的空气也异常凝重，我和彤彤都不说话了，专注地看着前方，视野只有远光灯能照亮的地方。我心里掠过一丝恐惧。为了早一点到达今天的住地，我深踩下油门，加速向前飞奔。但是，森林里的路况不比高速公路，周边又有很多粗大的树干，只能在可控的安全速度内行驶。白天在公园里看过介绍，了解到这片森林里时有猛兽出没。此时此刻，我和彤彤越想越害怕，多么希望能有辆车出现啊！但是，并没有。

　　正在各种胡思乱想时，突然，有东西从左前方大概30米的树林里钻出来，我仔细一看，黄鼠狼般大小，黑色细长的体形和长长的白尾巴，是一只臭鼬。这地方臭鼬特别多，在高速路上看到被撞死的动物中它的数量

我们的旅程

65

与你一起的日子

才叫时光

最多。眼前这只"大仙"看到有车驶来居然停下来张望，我下意识地向左打了一把方向盘，幸好躲了过去，要不差点儿就撞到它了。估计这只"大仙"也被吓到了，它没想到天这么黑了还会有人从这里经过，打扰它们的正常生活。

继续前行，忽然间我意识到刚才犯了个错误，密歇根州的交通规则中有一条是不能因为避免撞到动物而转方向盘。因为往左有可能会和对面来车相撞，往右则有可能与同向行驶的车辆发生碰撞或引起其他事故。我是违章救了臭鼬一条命啊。但是，如果跑出来的不是小动物呢？想来想去，我更怕了，在这人迹罕至的地方，要是真遇上什么事，后果不堪设想。

行驶在无边的大雾中，感觉这段路漫长无比。又开了大约20分钟，依稀看到了久违的灯光。慢慢离近了，发现是一户人家，我有些兴奋，终于有人烟了。这家人胆子真大，居然就独自住在深山老林里。再往前开，灯光逐渐多了起来，房子也多了。我深深地呼了口气，紧张的心情随之慢慢平复下来。

"妈妈，我们出来了吧？"彤彤试探地问着。

"是的，出来了，我们终于离开了那片诡异的森林。"我恢复了平静。

来到繁华的小镇，我们的住地也到了。今晚的经历，在我的旅行史上又增添了新的篇章。

与你一起的日子
才叫时光

成长感悟

1. 旅途中会遇到各种天气，风、雨、雪、雾……但只要有清晰的目标指引方向，就能到达最终目的地。人生又何尝不是呢？

2. 彩色丛林就在身边，一直都在，只是没光的时候我们看不到而已。

3. 旅行，是无法替代的成长经历。很多感受都不是家长讲述的，而是孩子在生活中体会的；很多技能并不是大人教授的，而是在处事中习得的。

彤彤的话

从小就听过"风雨过后是彩虹"这句话。我知道，旅行不仅仅是一段愉快的时光，还有可能成为一个克服困难的过程。无论如何，这都是我的成长经历。我不害怕在迷雾中前行，因为，我愿同妈妈一起迎接或光明、或黑暗的旅途。

生活中获得的成长

我们来密歇根州已经有一段时间了,在这个崭新的生活和学习环境中,女儿不用面对小升初的紧张和排名,我也没有了工作中的各种压力。一切都慢下来,把时间留给了生活。

平日里,形形每天都会坐校车去附近的公立学校上学。她很喜欢这里的学校,老师亲切、同学友好、操场上有很多游乐设施,不过这些都不是最令形形心动的,她最爱学校里的早餐和午餐。有各种脆脆的谷类食品,再配上从冰箱里拿出来的凉牛奶,非常美味;还有小胡萝卜、苹果片以及各种口味的派都是她的最爱。

日子一天天地过去,形形也一天天地长大。一件件有趣的事、一个个难忘的经历都在引领她不断前行,让她在成长的路上更加坚定、自信。

新朋友来了

我们身处美国,意味着要面临全英文的学习环境,因此学校专门安排老师单独辅导新来的国际生学习语言。原本在国内惜字如金,课上不爱回答问题的女儿,虽然每次笔试测验的卷子都是 A,但在新环境里,口语表达能否跟上我有些担忧。虽然在外出旅行时她有过几次不错的表现,但都是比较简单的口语。学校里同龄的中国同学只有两三个男生,他们和彤彤不同班,不住在这个小区,也不坐校车,所以彤彤每天上下学都是形单影只。但听她每天放学回家跟我聊学校里各种趣事的状态,我觉得她对新环境应该是满意的。

"哐",随着开门的声音,彤彤准时放学回来了。书包还没来得及放下,就兴奋地说:"妈妈,我们学校新来了两个中国女生!"

"好啊,这下你有伴儿了。"我开心地说。

"但是她们英语不好,什么都听不懂,还要我当翻译呢!"她略带骄傲地说。

我一边端出准备好的黑莓,一边看着她兴奋的样子:"这回你成小老师了?!"

以前,我每次问她英语学得怎么样,她都回答"挺好的",现在要是能给别人当翻译了,看来是真的挺好的。彤彤像小太阳爆发一样,滔滔不绝地讲了起来。

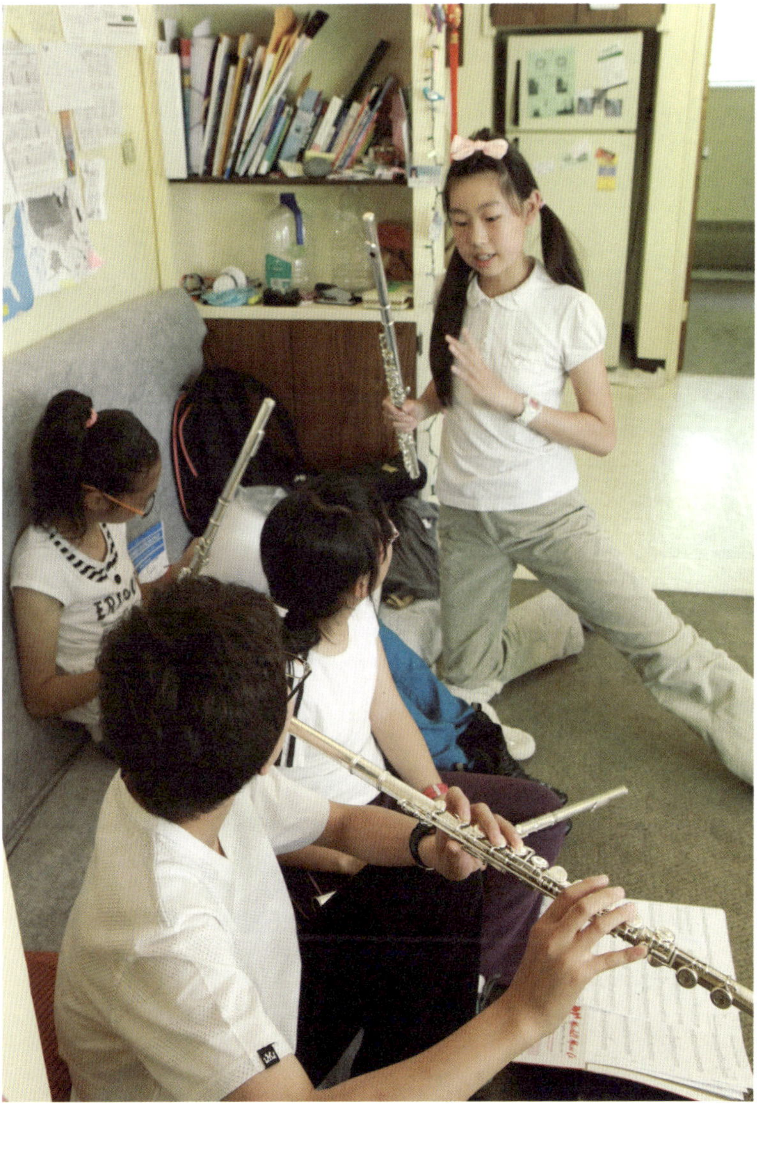

"我带她们去学校参观了,认识教室、认识老师,老师跟她们说话都是我翻译的。后来我还带她们去操场上玩了一圈。你知道吗?她们也住在咱们 Spartan 小区里,刚才是我带她俩一起坐校车回来的。"

"很好啊,以后你就有小伙伴一起玩儿了。"看着她得意的样子,我也很高兴。

从这天起，彤彤就有了玩伴，有了一起上下学的同伴，她特别愿意给小伙伴们当翻译，帮助她们适应新环境。慢慢地，彤彤的自信心有了非常明显的提高，性格上也开朗了很多。而小伙伴们在她的影响下，语言上突飞猛进，很快融入了新环境。

孩子们一起在院子里赏花，一起从长满绿草的山坡上打滚儿下来，一起骑着自行车穿行在森林湖岸，一起去农场里和各种可爱的小动物亲密接触……万圣节一起穿上节日"盛装"挨家挨户地要糖果吃，圣诞节一起准备了礼物在圣诞树下交换，复活节提着小筐一起去草丛里寻找彩蛋，郁金香节一起去荷兰小镇看大风车下的花车游行……平日里，她们会来我家烤比萨，有时候去她们的家里包馄饨，其乐融融。甚至在我们外出旅行的时候，小伙伴们也盼着彤彤赶紧回来参加乐团的演出，因为缺了她这个主力，其他人就没了主心骨。在彤彤12岁生日的时候，她们把院子里的草坪装点得非常漂亮，拉上条幅，挂上彩带，摆上写有"Happy Birthday"的气球共同为彤彤庆祝生日。我给她们准备了美国传统的红丝绒蛋糕和孩子们爱喝的Root Beer（雪山乐啤露）。在这里，女儿拥有了一个不同寻常的12岁生日Party（聚会）和难忘的童年时光。

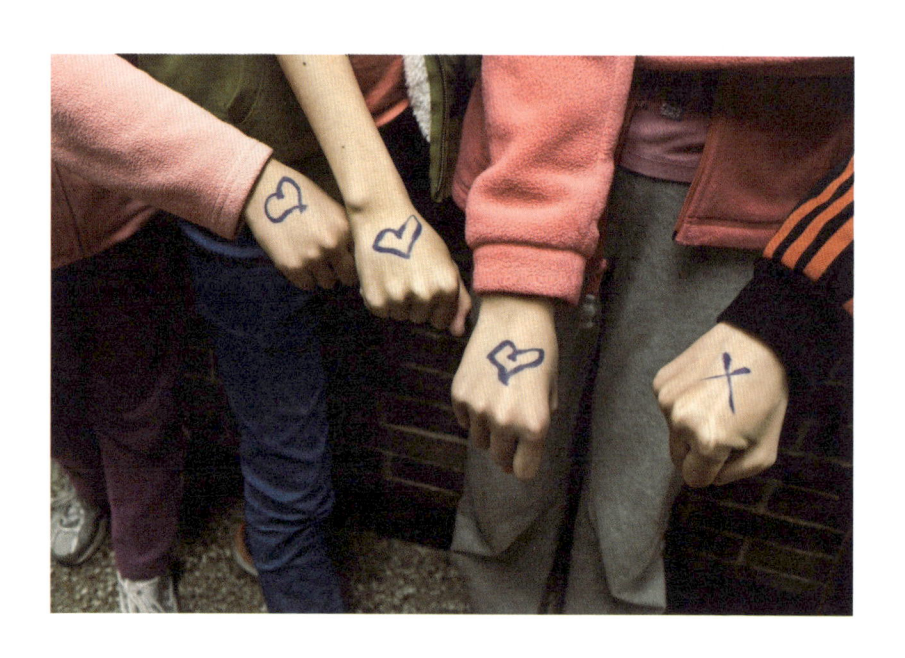

与你一起的日子
才叫时光

成长感悟

送人玫瑰，手有余香。帮助别人的时候，自己也会收获很多。对于孩子来说，有聊得来的朋友并得到朋友的认可，才是最开心的。

彤彤的话

别人眼中的我不是全部的我。大人觉得我或许内向，或许不爱说话，可我只是不想表达。我不想要家长和老师的教条，我想要的只是展示自己的机会。我喜欢跟朋友们在一起，因为他们把无限的欢乐和自信带给了我。

芝加哥大巴

（一）

坐飞机出行我们通常会选择从芝加哥的奥黑尔国际机场出发，因为这里是世界上起降次数最多的机场之一，可选择的航班比较多。从我们住的地方到这个机场需要 5 小时的车程，小区门口有直达奥黑尔国际机场的 Megabus（双层巴士）非常方便，且票价很便宜，通常只需 1 美元。

第一次乘坐 Megabus 时，我和彤彤选择了坐在上面一层的座位，上面视野开阔，可以观察到更多窗外的景色。彤彤坐在座位上好奇地观察着一切，还不时地小声和我交流。她平时很注重生活中的细节，比如在公共场所说话要低声细语，声音让对方听到就好。

"妈妈你看，旁边那个教堂的屋顶是红色的，上面还落着一只鸟。"她的小手指向车窗外的街道旁，一只棕黄色斑鸠大小的鸟一动不动地站在那里。

我点头附和着："嗯，那是密歇根州的州鸟，名字叫'罗宾'，你眼力真好。"

她得意地笑了笑。

"妈妈你看，前排那个叔叔的皮肤好黑哟，像我们班里皮特的爸爸，皮特也是黑皮肤的孩子。"

"世界上有不同肤色的人种，白种人啊、黑种人啊、棕种人啊，还有我们亚洲人是黄种人。"

"黄人？妈妈你是说小黄人吗？动画片里那种？"

想象力还挺丰富。"是黄种人，不是小黄人，宝贝。"我捏了捏她可爱的小脸蛋。

"哈哈哈，我知道，我逗你玩儿呢！"她笑着，一边冲我小声说道。

"妈妈你看那是什么？"她指着对面那排座椅的下面。

我顺着她手指的方向仔细看，一个鼓鼓囊囊的黑色方块。

"钱包！是个钱包！跟爸爸的那个很像！"她声音突然提高了，马上意识到又捂了一下嘴。

我又看了看，果然是一个钱包，里面应该放了不少东西。

"这个钱包怎么在这里？我们该怎么处理呢？"我问。

"应该交给查票员阿姨或者司机叔叔。"她继续用稚嫩的声音小声回答着。她是想起儿歌里唱的"捡到一分钱，交到警察叔叔手里边"吗？

"好的，你先慢慢过去捡过来吧，我扶着你。"我说。

彤彤拉着我的手，在摇晃的车厢里小心翼翼地走过去，然后俯身从座位底下捡起了那个黑色的钱包，又拉着我的手慢慢回到座位上。我看了看这个钱包，里面的东西确实不少，但从侧面观察不全是现金。我没打开看，只想着钱包的主人一定很着急。

车上的乘客不多，上面这层只有前几排零星坐了几个人。而捡钱包的位置对应的几排是没人坐的，所以我俩判断不了钱包是谁丢的。

"等一会儿停车休息的时候去交给查票员阿姨吧。"我说。

与你一起的日子

才叫时光

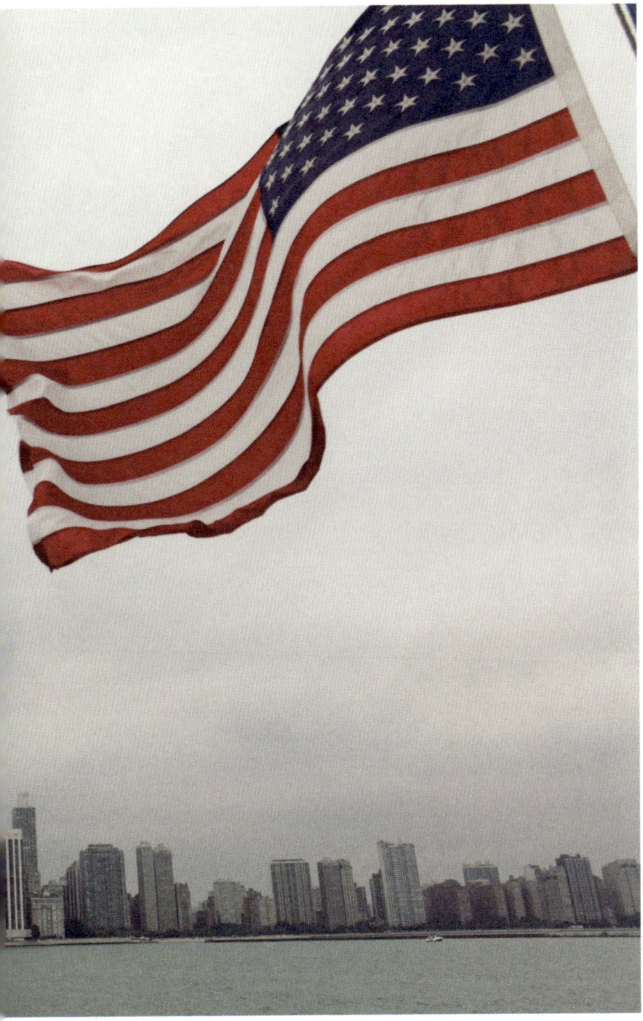

美国对职业司机有严格的工作时长要求，连续驾驶2个多小时必须强制休息15分钟，这趟长途中会经停一个服务区供大家休息。彤彤点点头，小手紧握着大钱包。

没过多久，大巴驶入服务区。趁着大家都下车活动，我们赶紧去找到负责查票的中年女人。彤彤把钱包交给她，并告诉她是在巴士2层椅子下面发现的。这时的女儿已经可以跟学校以外的美国人简单交流了，虽然说得还不是那么流利，但她愿意去尝试。

查票员接过钱包，对女儿表示了谢意。

彤彤带着满满的成就感开心地回到我身边。

当大巴再次启程时，查票员带着一个20岁出头的年轻女孩子上了2层，巡视了一下，然后朝我们走过来。女孩子很漂亮，皮肤白里透粉，金色的长头发编成一个辫子垂到腰间。查票员指着我们对女孩子说："就是她们捡到的钱包！"我心里咯噔一下，同时起身准备应对。心想：我可没打开看啊，要是丢了什么东西，可别怪我们。

没想到，女孩子二话没说，过来就给我一个大大的拥抱，还激动地说："太感谢你们了，太感谢你们了！这是我要帮爸爸带回家的，里面的东西非常重要！我原来坐的是2层座位，后来又去了1层。当我发现钱包不见时特别着急，没想到是掉在2层座位下面了！"说着，泪水从她大大的蓝眼睛里扑簌簌地掉了下来。

我被惊着了，我们只是举手之劳而已。彤彤在我旁边也不知所措地看着发生的一切。

女孩子掏出钱要给我们以示感谢，我坚定地谢绝了："这是我们应该做的。"

女孩子哽咽地补充说："这钱包里有我爸爸非常重要的证件，要是丢了，会耽误他很重要的事。真的非常感谢你们！"

"不客气，你一定要把东西保管好。"我说。

"是的，一定会。"说着，她又紧紧地拥抱了我和彤彤。

（二）

8个月后的一天，我和彤彤再次开启旅行模式，目的地是黄石国家公园。我和彤彤要去芝加哥乘坐飞往盐湖城的飞机，为了方便，依然选择了坐这趟大巴前往奥黑尔国际机场。当车程过半，离开休息区不久，不幸的事情发生了，大巴因水温过高，水箱开锅，抛锚了。

乘客们纷纷下车等待，司机也尝试着用了几种方法降温，但都无济于事。

"请问要等多久？我们要赶飞机！"我着急地跑到前面问正在想办法修车的司机。

"时间说不好，要等水温降下来。"司机无奈地回答。

"有没有其他车可以送我们？"我问道。

"我跟总部说了，如果车修不好他们会派车来接大家，但是要等两个多小时。"司机回答道。

"什么？两个多小时？等两个多小时到这里，然后还要再开两个小时到芝加哥，飞机早都飞走了！"

"对不起,我们也不想这样,给你们添麻烦了。"司机抱歉地说。

"这已经是今天最后一趟去盐湖城的飞机了,一旦误了机,后面行程就要取消了,黄石的小木屋可是提前几个月好不容易订上的。这么大损失,你们负责吗?"我有点急了。

司机无奈地耸了耸肩,继续修车。

这样的事居然被我们赶上了,偏偏又坏在高速路上,想打出租车也没有。怎么办?怎么办?

就在我们万分着急的时候,一个年轻的美国女孩走过来,微卷的金色头发梳着一个马尾。她微笑着对我说:"你好,你们是去奥黑尔国际机场吗?"

"是的。"我疑惑地看看她,此时的脸上还挂着生气的表情。

"一会儿我妈妈会来接我,送我去芝加哥大学,你们搭我的车吧。"我似乎没听太清楚,赶紧重复了一遍她的意思。

她点着头,闪着一对蓝眼睛看着我:"Yes,yes。"这声音像暖暖的春风一样吹进我的耳朵。

我喜出望外,脸色顿时放晴。我怕彤彤没听明白又给她翻译了一遍。

"天啊,她可真是我们的天使!"彤彤的眼里也闪着光。

大约过了半小时,女孩妈妈的车到了,并顺利地把我们送到机场。我准备了钱,想给些车费表示感谢,可她们拒绝了,并且祝我们旅途愉快。由于赶时间,我也顾不上客套,匆忙地跑进机场办理登机手续,时间刚刚好。

到达登机口时,我们直接排到了正在登机队伍的最后边,气喘吁吁的女儿松了一口气:"太好了,我们赶上飞机了!妈妈,你原来说过,想要别人怎样对待你,你就要先怎样对待别人,对吗?是不是我们之前做了好事,捡了钱包还给别人,这次就有回报了?"

这个"小鬼"挺会联想啊!我笑了笑,摸摸她圆鼓鼓的小脸蛋儿,开启了我们的黄石之旅。

成长感悟

心存善念,天必佑之。

在生活中,让孩子亲身经历这样的事情远比枯燥的说教更生动。每一个感受都是真实的,给孩子的启发和感悟也终生难忘。在旅途中,很多这样意想不到的体验,可遇不可求。希望孩子在真实的社会实践中慢慢长大。

彤彤的话

在经历了许多事情后,帮助他人成了我生活中很自然的一件事。在我有能力的情况下,我会每天尽可能多地去帮别人解决问题。但帮过就忘了,没有在意。反而很多意想不到的回报给了我太多惊喜。我相信,如果每个人都把这份善意不断地传递下去,那么我们的世界将会变得更美丽。

纽约的蝴蝶

纽约位于美国纽约州东南部,是美国第一大城市及第一大港口,也是全世界顶级的国际大都市之一。

我们此次来纽约的主要目的是参观著名的博物馆,我们先"打卡"了必去的大都会艺术博物馆、现代艺术博物馆,然后去彤彤梦寐以求的地方——自然历史博物馆参观,因为她很喜欢《博物馆奇妙夜》这部电影,一直想来看看西部牛仔、埃及法老、罗马大帝和一大拨能"活"过来的动物标本。走进规模宏大的博物馆里,我们看到了这些似曾相识的展览品,感觉特别亲切,就好像是久违的老朋友。只可惜博物馆到傍晚就要闭馆了,不能在晚上一睹展品们活灵活现的样子,只能珍惜眼前每一个见面的机会,好好了解它们背后的故事。

逛了一天,在出口不远处我们发现了一个热带蝴蝶馆,彤彤从小就非常喜欢蝴蝶,画作里也经常出现各式的蝴蝶形象,她头上也经常戴着一个蝴蝶结的夹子。我知道彤彤的心思,她很想进去看看,由于该场馆需单独收费,又临近闭馆时间,窗口刚刚停止了售票。

我们站在门口,彤彤隔着一道玻璃门向里张望。负责检票的美国大叔看见彤彤的举动说:"马上就关门了,不能进了。"

"我很想进去看看,可以在你这里买票吗?"彤彤主动地说。虽然用词简单,语法也不那么准确,但彤彤显然已经完全没有了刚来美国时的扭捏。

检票大叔低头看了看手表，说："还有 10 分钟就要关门了。你们可以明天再来。"

"明天我们就坐飞机离开纽约了。"彤彤有些失落地说。

大叔看了看她，或许是觉得这个外国小女孩有那么一点可爱，或许是觉得快下班了，就随意地聊起天来："你是第一次来纽约吗？"

"是的。"彤彤回答。

"今天外面天气怎么样？"大叔问着。

与你一起的日子

才叫时光

"下雪，很冷。"彤彤的口气有些沮丧。

以前出门都是我既当导游又当翻译，女儿偶尔也会与外人交流，但都像挤牙膏一样，从不多说一个字。她的原则就是能不说就不说，能少说就少说，能躲开就躲开。

但是今天她竟然主动跟检票大叔聊起天来，我有些吃惊。心里想着，反正快闭馆了，练会儿英语也行啊。

聊着聊着，检票大叔说："你们进去吧，我不希望你们在纽约留下遗憾。"

哇！幸福来得太突然了。我又和大叔确认了一遍，是真的！他让我们进去，并且是免费参观。彤彤喜出望外，谢过大叔后，争分夺秒地跑去看蝴蝶了。

门刚一打开，一股潮热感扑面而来，和外面的冷空气形成鲜明的对比。屋里是一个热带植物园，大型阔叶植物中有颜色鲜艳的花朵点缀其间，五颜六色的蝴蝶在花丛间翩翩飞舞。房间里有一个蝴蝶生命周期的展示区，从卵、幼虫、结茧到化蝶，每个过程都有对应的标本和真实的活体，这样的展示形式还是第一次看到。时间有限，只能匆匆掠过。

彤彤对蝴蝶感兴趣，看得津津有味。这时，一只可爱的小花蝴蝶抖动着翅膀，从我们眼前飞过去，彤彤淘气地伸手去捉，蝴蝶就好像逗她玩儿似的突然飞高了，然后又绕回来。彤彤的眼神一直关注着这只蝴蝶，蝴蝶在她头上绕了一圈后，一会儿向上飞，一会儿又向下飞，最后居然缓缓地落在彤彤头上。她惊喜地叫我："妈妈，你看蝴蝶去哪儿了？"

"嘘！小声点儿，它落在你头发上了。"我小心地举起相机，记录她既惊慌又惊喜的神情……

"小蝴蝶喜欢我,我也特别喜欢它。"彤彤开心地小声说,唯恐吓跑了头上的"小精灵"。

一只小小的蝴蝶,打开了女儿心里的一道门。

成长感悟

有了这次愉快的体验,我知道女儿喜欢的不仅仅是蝴蝶,而是她发现了沟通的收获。这收获不仅仅有现实价值,更多的是意想不到的美好。自此以后,女儿更愿意和外人交流了。

彤彤的话

小时候觉得与人交流只限于表面说话的内容,除了上课必须回答问题,没什么别的作用。慢慢地,我在旅途中明白,其实言语表达和写作最大的区别就是,前者包含着表达者当下的情感态度,而写作则是需要阅读者去理解。一个人的说话方式决定了他和对方的沟通效果。

与你一起的日子才叫时光

捡自行车

毕业季到了，密歇根州立大学的学生们要陆续离开这里，有的准备回家，有的准备去其他州上班、上学。每年这时候，处理带不走的旧货成了日常，因为在美国租住公寓有个要求，退房时必须打扫得像没住过一样干净。因此房间里带不走的物品都要处理掉，有些高级的电器、家具可以低价卖掉，但最后，其实大部分物品没办法找到合适的买家，只能扔掉。

每到这个时候，Spartan 小区的中央广场上都会搭建起一个大棚作为物品回收区，既方便了淘旧货的住户，也方便了扔东西的学生。在这里，八成新的床垫、沙发、电视、微波炉……都是可以"捡到"的。

4月的密歇根很冷，地上的雪还没融化，但是大家忙着扔东西和捡东西的热情很高涨。回收大棚成了最繁忙的地方，也成了信息集散地。

一天，我和彤彤去凑热闹，看看有什么好东西。遇到一位在这里生活了几年的邻居，她告诉我们除了这里的回收物品外，还有一样东西是学生们带不走，又不容易卖掉，也懒得搬到回收区来的。哦？是什么？我很好奇。"自行车！很多车非常漂亮质量又好，但失去需求就没有市场了。学生们就把锁打开，并留给有需要的人骑。我家的车就是去年捡的。"邻居解释着，"这已经是不成文的规则了。"

什么？我和女儿听得面面相觑，既惊讶又疑惑，从来不知道自行车还能"捡"这回事。但是看到身边有成功案例，我们也决定去试一下，就当

与你一起的日子
才叫时光

是入乡随俗了。赶着周六的上午,我们吃完早饭,带着满满的期待就去校园里寻找了。

校园很大,我们只打算从住宅区走到最近的教学楼附近去试试运气。在教学楼门口有自行车停放区,我们就凑过去仔细观察每辆车的状况。功夫不负有心人,彤彤果然找到了一辆没有锁的车,这是一辆粉色变速山地车。车子有八成新,看来被前主人保养得很好。我战战兢兢地把车从车架上推出来,紧张地四处张望,然后让彤彤骑了几圈试试车,顺便等一会儿,怕有人来认领。可是,待了半个多小时也没见人影,我确定这就是邻居所说的"带不走的自行车"。我俩这算是开门红了,决定继续试试运气。彤彤骑着车向教学楼的另一个方向拐去,那边门口也有一片自行车停放区。我也跟过去,不一会儿,在这里也找到一辆紫色的没有锁的车。此时,我们很开心,不仅收获了两辆"捡来"的车,还体验了新奇的生活方式。

在骑车回家的路上,我和彤彤商量,等我们离开这里时,也把车留给需要的人。

从此,我们的出行除了开车、走路,又多了一种骑车的选择。

彤彤把这个"秘密"告诉给了好朋友们,大家觉得是件趣事,于是下课后就在院子里边玩儿边找没有锁的自行车,找到后骑着车在大草坪上自由驰骋。捡到的车子有好有坏,遇到出现的小故障孩子们都能想办法解决,一会儿把掉了的链子安装上,一会儿把歪了的车把正过来……住在树下的豚鼠先生趴在洞口,每天看着她们骑着一辆辆自行车飞驰而过。

吃晚饭时,彤彤就会跟我分享她们又帮助朋友找到了什么样的自行车,

今天骑车去了哪里探险。这件事让孩子们特别有成就感，就连她同学家4岁妹妹的儿童自行车她们都给解决了。

后来，为了大家方便，小区提供免费的修车服务，这些维修人员并不是专业修理工，而是有修车经验和技能的邻居。真是个有爱的大社区。

成长感悟

特殊的生活方式换回不同的生活体验。从这件事中,感受到最多的就是人人为我、我为人人。

车子后续的故事:我们没等到毕业季的开锁送车,因为有朋友提前预约了,所以我们开心地送给了他们。

彤彤的话

捡自行车真的是很奇怪的经历了。在我们住的小区里有大片大片的绿草地和山坡,我时常想着如果能骑着自行车穿梭其中会是怎样的惬意!直到听说小区和学校里有很多要离开这个地方的人,他们带不走的自行车便会把锁都打开留给需要的人。我约了好朋友一起探索这些"藏宝地",每天下午放学后就骑不同的车在山坡、草地间闲逛。后来我们把有故障的车都修理好,留给新邻居解决交通问题,他们很感谢我们。这件事让我感觉特别有成就感,觉得自己特别棒!

墨西哥城之旅

Mexico City

东兰辛 → 底特律 → 坎昆

西半球最古老的城市墨西哥城，不仅是墨西哥合众国的首都，也是该国的政治、经济、文化和交通中心，是高度发展的都市之一。由于它位于墨西哥中南部高原的山谷中，海拔超过2200米，也成为世界上海拔最高的都会区。这里遍布着古印第安人文化遗迹，保留了浓郁的民族文化特色，是一座绚丽多姿的现代化城市。这里气候凉爽宜人，年平均气温在18摄氏度左右，非常适合旅行。

墨西哥城老中心区是宪法广场，这里堆满了墨西哥城最重要的历史建筑。墨西哥大教堂是美洲屈指可数的历时250年才完工的天主教堂，教堂内外都布满了各种精雕细琢的雕塑和壁画，堪称美洲建筑之最；使用中的古老邮政局室内金碧辉煌，会让人忘记只是走进来寄明信片。新中心区是类似巴黎香榭丽舍大道的改革大道，它拥有墨西哥城最亮眼的橱窗、漂亮的摩天大楼和精美的现代雕塑。所有华美、雄伟的建筑都向世人展示了这座城市辉煌的曾经和亮丽的现在。

这次的行程是

墨西哥城 ⟶ 底特律 ⟶ 东兰辛

找酒店

遥远又陌生的地方——墨西哥城，很少有中国人自由行去那里，一是路途遥远，二是不懂西班牙语。

我带着彤彤，从墨西哥的海滨度假城市坎昆坐了两个多小时的飞机来到墨西哥城。为什么来？因为在坎昆的时候我们探访了几座玛雅金字塔，对玛雅文化产生了极大的兴趣，于是想去瞻仰最大的玛雅金字塔。

下了飞机已是傍晚时分，我们直奔机场的出租车服务台，在完全陌生、语言不通的城市出行，乘坐出租车是最好的选择。我把酒店的预订单递给服务人员，一个墨西哥阿姨接过单子，仔细看了酒店地址后用西班牙口音的英语跟我沟通，她表示这个酒店距市中心比较远，乘车价格会比较贵。我心想，贵也得走啊，我们初到这里，人生地不熟，天又快黑了，还是花钱买安心吧，只要把我们安全送到就行。我跟这个阿姨谈好价格，交了钱。她和一位司机大叔用西班牙语交代了几句，我们就跟着司机上了车。

在行驶途中，由于语言不通，我们没有和司机说话，只是兴奋地看着窗外的景色。出租车行驶了大约40分钟，根据路程算下时间，应该快到酒店了，这时司机把车停在路边下了车。我以为到目的地了，但是看看窗外没有酒店名字，司机也没招呼我们下车。他干什么去了？我看见不远处的司机好像在找当地人聊着什么。什么情况？我和彤彤猜测起来："是去找厕所了吧？""可能是烟瘾犯了，去买烟。"就在我们胡乱猜测的时候

司机回来了，他看到我们疑惑地看着他，用西班牙语跟我们解释了一下。可我们一句都没听懂，他继续开车慢慢向前行驶。

　　又开了一段路，司机再次下车了。"不会是找不到酒店吧？"我心里琢磨着，看着天色渐黑，不免有点担心了。那时候，导航仪在墨西哥还不普及，我们出门时也没有购买当地的网络服务，手机导航也不能用。

　　司机又问了几个人，当他再次返回到车上时，我和彤彤决定跟他聊聊。虽然语言不通，但我们也不能这样无休止地等下去了。

　　"是找不到地方了吗？"我用英语问。

　　"No，No，No。"司机摇着头，说了一堆听不懂的话，情绪中带着无奈和失望。

这时，彤彤拿出了酒店预订单对我说："妈妈，让他打个电话给酒店问问吧。"

我拿着单子示意司机打电话，对于当下的情形，这是最有效的方法了。

司机拿起单子，努力地看上面的字，可能是因为字太小了，再加上天色比较暗，他怎么都看不清楚。

我有点着急了，什么出租车公司！车费这么贵还不认识路！可是，抱怨是最没用的，现在要想办法解决问题。我用英语念数字给他，他根本听不懂。怎么办？我已经无计可施了。就在关键时刻，彤彤出手了，她在学校里刚刚学习过简单的西班牙语数数，但只能像唱歌一样按顺序背出来，平时用不到也就没怎么练习过。

彤彤决定试一试。我用手势示意司机拿出电话，在国外出于保护个人私有物品的原因，我不能在未经允许的情况下拿对方的手机直接拨号，所以只能选择我们告诉他电话号码，由他亲自拨打的方法。司机打开老式的翻盖模拟手机，开始听着彤彤说。彤彤现在要把连续念的数字拆开，再对应着说出来。于是，她掰着手指头一边数，一边看电话号码，一边说给司机听。没想到司机竟然听懂了，把一个个数字对应地按在手机里：Cuatro, Cuatro, Tres, Uno, Cinco, Uno, Uno, Siete……（55416117……）

司机按彤彤说的号码打通了电话，问清楚了路线，很快就找到了酒店。真棒啊！司机向彤彤伸出大拇指称赞，我也用手揉了揉她圆鼓鼓的小脸，多亏了女儿，今天她可是立下了大功！

我们的旅程

101

成长感悟

1. 一切本领都要在生活中磨炼，有生活能力才是王道。
2. 知识只有在实践中，才能创造价值。
3. 让孩子体会到自己的价值感，才能增加他们的自信。

彤彤的话

刚在学校学的用西班牙语数数，没想到在墨西哥城还一展风采了嘿！那晚我们找酒店的时候，我努力地克制住自己内心的激动，理性地念出电话号码，当司机听懂了并且顺利拨通电话的那一刻，我简直开心得要飞起来了！后来，每每想起这件事，我依然还是觉得自己好厉害！

墨西哥城的一天

我们在旅途中住宿有两个原则：一是尽量新颖独特，二是与主要参观景点的距离要近。这次在墨西哥城，我们就住在了市中心，在宪法广场不远处的一家非常传统、古朴的酒店。

一到酒店，我就被这里浓厚的历史感吸引住了，酒店大堂保留着几十年前的西班牙式风格，一些精致的雕塑点缀其中。休息等候区的架子和桌子上摆放着介绍墨西哥城的相关书籍……

我们俩在前台办理好入住手续，准备到3层的房间休息，这时发现载客的电梯古老得让人惊奇。要想上电梯，首先需要把电梯外层的门向两边拉开，露出里面的金属推拉门，接着再把这层门向两边拉开，才能进入电梯。

电梯里空间不大，我和彤彤两个人再加两个大箱子就基本塞满了，还有一名电梯司机（我们这么称呼）在里面服务，他从里边把电梯门一层一层拉上、扣好，看了我们的房卡，按下数字"3"，然后开始扳动金黄色的手摇柄，这时电梯就缓慢地上行了。看样子电梯除了使用电能，还保留着古老的机械装置，我猜想着。 电梯司机非常熟练地操控着所有机关，通过手摇柄进行控制。

这样古老的电梯我们从未见过，带着对这里的新鲜感与好奇感，3层到了。我们走进房间，陈设古朴温馨，不过房间里的温度有些低，冬日的墨西哥城，虽然白天的温度能达到20多摄氏度，但是到了晚上就降到了

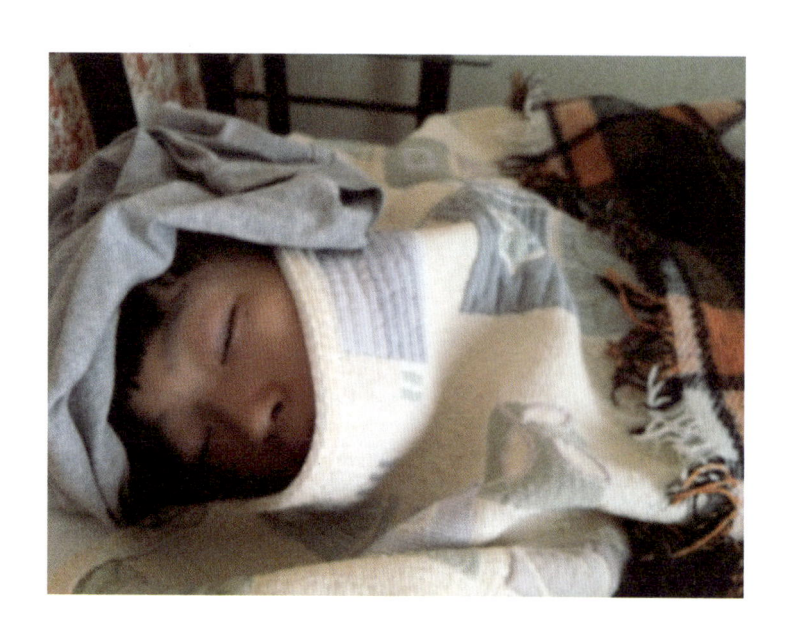

与你一起的日子

才叫时光

个位数。所以房间会配备一台电暖气，其实当地人很少使用供暖设备，主要是为游客准备的。

也许是房间比较大，又是在阴面，开了几个小时的电暖气依然没办法温暖整个房间。由于时间已经很晚了，我不想去麻烦服务人员，于是我俩就把所有能穿的衣服都穿上，然后蜷缩在被子里。我怕彤彤冷，便把衣服盖在她的头上，只露出眼睛和鼻子。其他带来的换洗衣服都搭在被子外面。看着躺在身边被包裹得严严实实的女儿，我不禁有些感慨，这几年她一直跟着我到处跑，无论条件多么艰苦，她也从不抱怨。"快睡吧，我以前也有过半夜被冻醒的经历，被子又潮又冷，那天啊……"我一边讲着过去的经历，一边拍着彤彤，很快就听到她深沉的呼吸声。彤彤特别喜欢我给她讲故事，一听就睡着了。可能是我讲得太无聊了吧，抑或是太引人入胜了？我把盖在她头上的衣服又掖了掖，然后裹紧自己身上的被子，紧紧挨着她睡着了。

第二天一早，我去服务台，这里的接待人员会说简单的英语。我把昨天夜里的情况说了一下，她表示客人可以随时要求调换房间，昨天晚上有问题就可以来说的。然后她对我们表示了歉意和感谢，给我们调换到了阳面的大套间，还额外多送来了一台电暖气。这个房间的位置特别好，抬起老式的窗户就可以看到市中心的主路。

处理好住宿的事情，我们踏踏实实地向宪法广场出发了。这个广场是南美洲最大的广场，广场周边有著名的政府大楼、大教堂、古老的邮局等景点，这里也是墨西哥文化的代表。所有著名的景点我们都是不会错过的，毕竟千辛万苦跑了这么远。

当天的晚餐选在广场附近一家历史悠久的餐厅，这家餐厅位于一幢外墙装饰着精美青花图案的建筑里。这里的服务员穿着传统的墨西哥服装，态度非常亲切，用英文耐心地给我们介绍传统的墨西哥美食。我们和很多慕名而来的食客一样，品尝了正宗的Taco（塔可）及一系列墨西哥传统佳肴。从餐厅的价格上看，应该算是墨西哥城最贵的餐厅之一了。

回酒店的路上，我和彤彤手拉着手穿行在夜晚的宪法广场，彩色喷泉伴着欢快的墨西哥音乐，令我们的心情无比舒畅。

成长感悟

经常在旅途中品尝各地的传统美食，住当地的特色酒店，但有时也会为了赶路吃不上东西或随遇而安。当一个人真正做到能享受最好的，能承受最差的，坦然面对各种人生状态时，格局就发生了变化，生活也会变得简单快乐。

没有什么比吃上一顿正宗的当地特色美食更幸福啦！什么疲惫啊、被冻醒啊，都可以在大吃大喝中被忘记。

彤彤的话

太阳金字塔

太阳金字塔是最大的玛雅金字塔,也是世界第三大金字塔,它和月亮金字塔并称为日月金字塔,位于特奥蒂瓦坎古城遗址中,是玛雅文化最有标志性的建筑物。特奥蒂瓦坎城曾经是美洲的重要政治和宗教活动中心,有"众神之都"的美誉。据历史记载,特奥蒂瓦坎城在全盛时期,是世界最大的城市之一,居民有20多万人,面积达20平方公里。

探访"众神之都"是我们此次来墨西哥城的主要目的。因为传说中的世界末日和玛雅文化的神秘一直吸引着我。

特奥蒂瓦坎距离我们的住处大约50公里,开车要1.5小时,如果乘坐公共交通,就需要坐两趟地铁,再转乘长途车。为了体验当地文化,我们决定挑战一下当地的公共交通。

我提前做好攻略,带着彤彤出发了。墨西哥城地铁是世界上最繁忙的地铁之一,每条线路有不同的颜色。虽然标识基本都是西班牙语,但由于配上了各地标志性建筑的图案就很容易识别了。当我们从2号蓝线转1号粉线的时候,发现换乘通道里被装饰得繁星密布,人们就像穿梭在太空星际中,惊喜又浪漫,"哇哦,好美!"我们不约而同地发出一声赞叹。

到达最大的长途汽车站——墨西哥城北站,买票进入蓝色金字塔标志的8号门,找到我们要乘坐的车,在靠中间的座位坐下。随后,有个背吉他的年轻人上了车,坐到我们后面。大约过了10分钟,随着乘客陆陆续

与你一起的日子
才叫时光

108

续坐满，车辆也缓缓启动了。

这时，坐在我们后面的年轻人开始站在过道里，弹着吉他唱起歌来。虽然我们听不懂他唱了什么，但是悠扬的旋律给枯燥的长途旅程带来了欢乐和轻松的氛围。中美洲人好像特别喜欢唱歌，性格也热情开放。1小时的路程很快就到了，乘客们纷纷掏出零钱，感谢年轻人带给大家的好心情，彤彤也拿出自己的零用钱大方地递给他。

到了特奥蒂瓦坎古城，下了车还没有看到古城的样子，一个小伙子笑眯眯地迎上前来。他给我们看了他的导游证，用英语简单介绍了一下古城的情况，希望带我们参观，自己也可以挣些小费。我和彤彤商量了一下同意了。

他先带我们去参观了位于古城边上的龙舌兰种植园。龙舌兰是一种仙人掌科的植物，样子像大型的芦荟，用龙舌兰酿造的烈性酒是墨西哥的国酒，取名也叫龙舌兰酒（Tequila），也是酒精爱好者最喜爱的酒之一。导游从大棵的龙舌兰上掰下一枝肉茎，然后掰断顶端的尖，从中间抽出一条很长的植物纤维，为我们演示了古代人是如何利用这种植物纤维缝补东西的。这是个意外的收获。

随后，导游带我们进入古城，介绍这里的历史和相关故事。因英语都不是我们母语的缘故，导游把复杂的词汇用简单的词汇替代，以便于彼此理解，还是比较好的。古城占地面积很大，曾经是世界最大的城市，居住了20万人，但不知道什么原因，人们突然消失，只剩下一堆石头。古城中间有一条宽阔的主路被称为死亡大道，之所以有这么奇怪的名字，是因为10世纪时最先来到这里的阿兹特克人，发现早于他们上千年就已经建

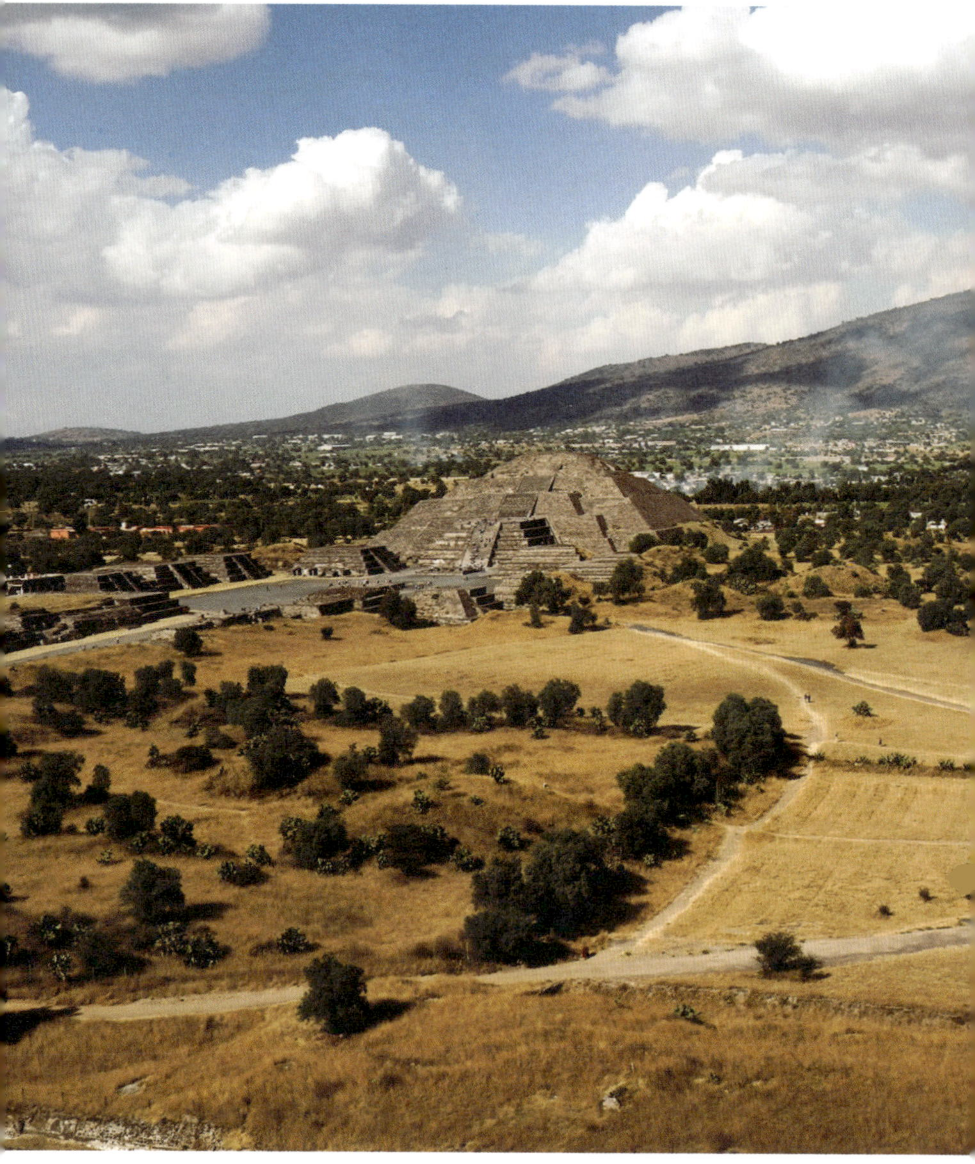

立了这座古城。当沿着这条大道进入这座古城时,发现全城空无一人,他们认为大道两旁的建筑都是众神的坟墓,于是就给它起了这个名字。还有一种说法是,以前成为祭品的人或者动物都要通过这条大道到达祭台。

太阳金字塔是古城中最大的建筑,建于大约2世纪。它坐落在死亡大道的东侧。太阳金字塔用土和石头堆砌而成,高65米,南北长222米,东西宽225米,4个坡面从底部到顶端共有5层,总体积为100多万立方米。抬头看了一下高高矗立在面前的庞然大物,还真有些压力。这个金字塔不同于埃及的金字塔,它的顶端可以爬上去,既然来了,当然要体验一下了。我们告别了导游,开始了自己的探索之路。

太阳金字塔的每个台阶都一样高,坡度很陡,我和彤彤手脚并用地向上爬去。我建议来个比赛,后来发现她便步灵腰爬得很快,一直在我前面,还不时地回头招呼我,没看出来小家伙的体力还真不赖。可是没过多久,她就停下来了。

我赶上她,发现她因为开始用力过猛,体力不支了。彤彤的强项是短跑,欠缺耐力,而这个高耸的金字塔不是靠速度和爆发力就能征服的。我坐在她身边，陪她一起休息。

"怎么样？还能上吗？"我问。

"我太累了，腿都抬不起来，爬了这么高才到一半，没想到这么难爬。"彤彤气喘吁吁地说。

"是啊，你看能坚持到这里的人不多，不行咱们也下去吧。"我关心地说。

我环顾了一下周围，我们的位置在金字塔的中部，要是就这么下去了，其实还真有点遗憾，但是如果继续向上就更陡了。

"休息一会儿就行，我想要上去看看。"彤彤喝了口水，抬头看了看上面。这时有几个年轻人从我们身边慢慢爬过去，并给我们加油鼓劲儿。

几分钟后，我们继续向上攀登，这次，彤彤也不急着向上爬了，而是稳稳地保持匀速前进。

看着她娇小的身影，我也不甘示弱，坚持着爬上了最高的一个台阶。

当我们气喘吁吁地站在最大的金字塔顶上，才发现上面是可以容纳百人的平台。从这里俯瞰四周，瞬间有了"不畏浮云遮望眼，自缘身在最高层"的感觉。特奥蒂瓦坎古城的景色尽收眼底，前方笔直宽阔的死亡大道，残垣断壁井然有序地坐落在古城遗址中。目光所及之处也曾经是繁华的城市。耳边，回荡着陶笛吹奏的音乐声，把神秘的古城烘托得更加空灵。

在平台上，这个离天更近的地方，有人在冥想，有人在练习瑜伽。我也加入了他们的行列。彤彤一会儿随着其他游客使劲拍手，倾听着远处传来的回声，一会儿又趴在平台的边缘欣赏古城的风貌。

我指着与太阳金字塔遥遥相望,建筑风格一模一样的金字塔,问女儿:"那个是祭祀月亮神的地方,叫作月亮金字塔,是整个古城遗迹中规模第二大的建筑。你还要不要去爬一下?"她自信地说:"这么高的地方都上来了,还怕矮的吗?"

从太阳金字塔上小心翼翼地下来后,我买了一个小乌龟形状的陶笛送给彤彤,纪念她登顶成功。也许是她吹长笛的缘故,所有能吹的东西她都喜欢。她拿着陶笛,纤细的手指在上面几个小洞上倒换着,吹奏出欢快的乐曲。我们向月亮金字塔走去,悠扬的笛声回荡在神秘空旷的特奥蒂瓦坎古城中。

成长感悟

1. 既要坚持到底,又要量力而行。
2. 让孩子亲身感受世界,而不是看书本上别人眼里的世界。

彤彤的话

小时候以为金字塔就是金子做成的塔。来到墨西哥以后才发现金字塔并不是金子做的,它的宏伟壮观吸引了我,还让我发出了哇的惊叹!可是后来我知道金字塔带给我的收获远比金子还宝贵。

加拿大，位于北美洲最北端，与美国本土接壤，被太平洋、大西洋和北冰洋环绕，领土面积位居世界第二。著名城市有多伦多、渥太华、温哥华等，官方语言为英语和法语。

从东兰辛到加拿大多伦多非常方便，开车需4个多小时。我们提前办理好加拿大的签证，趁着春假去领略一下"枫叶之国"的美丽景色。

这次的行程是

→ 蒙特利尔 → 渥太华 → 多伦多 → 东兰辛

魁北克的冰酒店

魁北克市位于圣劳伦斯河与圣查尔斯河汇合处,是东部重要港口,是加拿大面积最大的魁北克省的省会,是北美洲唯一一座拥有城墙的城市。它历史悠久,有着浓郁的法兰西风情,它被联合国教科文组织列入世界遗迹保存名单,是一座文化名城。

走在鹅卵石铺成的旧魁北克城街道上,观赏着始建于17世纪的古老教堂和城堡,一种置身于历史的感觉油然而生。

欣赏了雄踞在圣劳伦斯河畔的魁北克城堡,参观了圣母大教堂,在细雨中游览了色彩缤纷的下城区街巷,品尝了百年历史的正式法餐。最后,我和女儿来到一个特殊的地方——冰酒店。

世界上有几个著名的冰酒店,分别位于瑞典、芬兰、挪威、日本和加拿大。

而加拿大魁北克城的冰酒店是北美地区独一无二的,从2001年开业以来,已经吸引了世界各地上百万游客来游览。酒店在每年11月开始搭建,经过两个月到次年1月1日开张,3月31日停业任其自然融化。酒店使用1.5万吨雪和500吨冰,耗资大约75万美元。酒店里所有的东西都是冰做成的,可以住宿,不过房间需要提前一年预订,而且价格不菲。

我们是3月31日酒店营业的最后一天到达这里的,虽然已经不能住宿了,但还可以参观。

到达酒店后，还没进门就看到几座白茫茫的小雪山，侧面是用冰雕刻出来的砖形墙，安装着黄色的木头门。其实，这一座座小雪山就是酒店，它的整体建筑都是用雪雕刻而成的，而酒店的客房、餐厅等设施就藏在小雪山里。我们在游客中心买门票时，服务人员特别热情地给了彤彤一个游戏题板，告诉她现在是复活节期间，可以在酒店的冰雕里寻找"蛋"，然后记录下来，找到10个"蛋"就可以在出口的地方领奖品。这下彤彤有了劲头，毕竟小孩子都是喜欢游戏的。

我刚拿到票，彤彤就迫不及待地拉着我来到了大冰雕的门口，草草拍了张纪念照就赶紧进去找"蛋"了。一进门就是酒店大堂，高大的空间下沙发、桌椅、装饰品一应俱全，全部由冰制成，就连墙上精美的壁画也是用冰雕刻出来的，在灯光的照射下晶莹剔透。主墙上的冰雕壁画主题是位攀冰人，他手拿冰镐向上爬，真是栩栩如生。以前不知道冰可以做成这么多美丽的东西，不禁对这些精美的装饰赞叹不已。

大堂右边是酒吧，高高的吧台，吧凳跟普通酒吧里的尺寸一样。酒杯是冰做的，所有的器皿都是冰做的，如果这时能来上一杯凉凉甜甜的加拿大国酒——冰酒，该是多么惬意呀！可惜，酒店明天停业，不提供这项服务了。

彤彤只顾着到处找"蛋"，在大堂里跑来跑去，把这里的冰雕家具和装饰画都看得仔仔细细。酒店里游客不多，我任凭她在里面到处跑。不一会儿，她过来叫我："妈妈，快来玩儿这个！"

我跟着她来到另一个区域，一座高高的冰滑梯映入眼帘。彤彤轻车熟

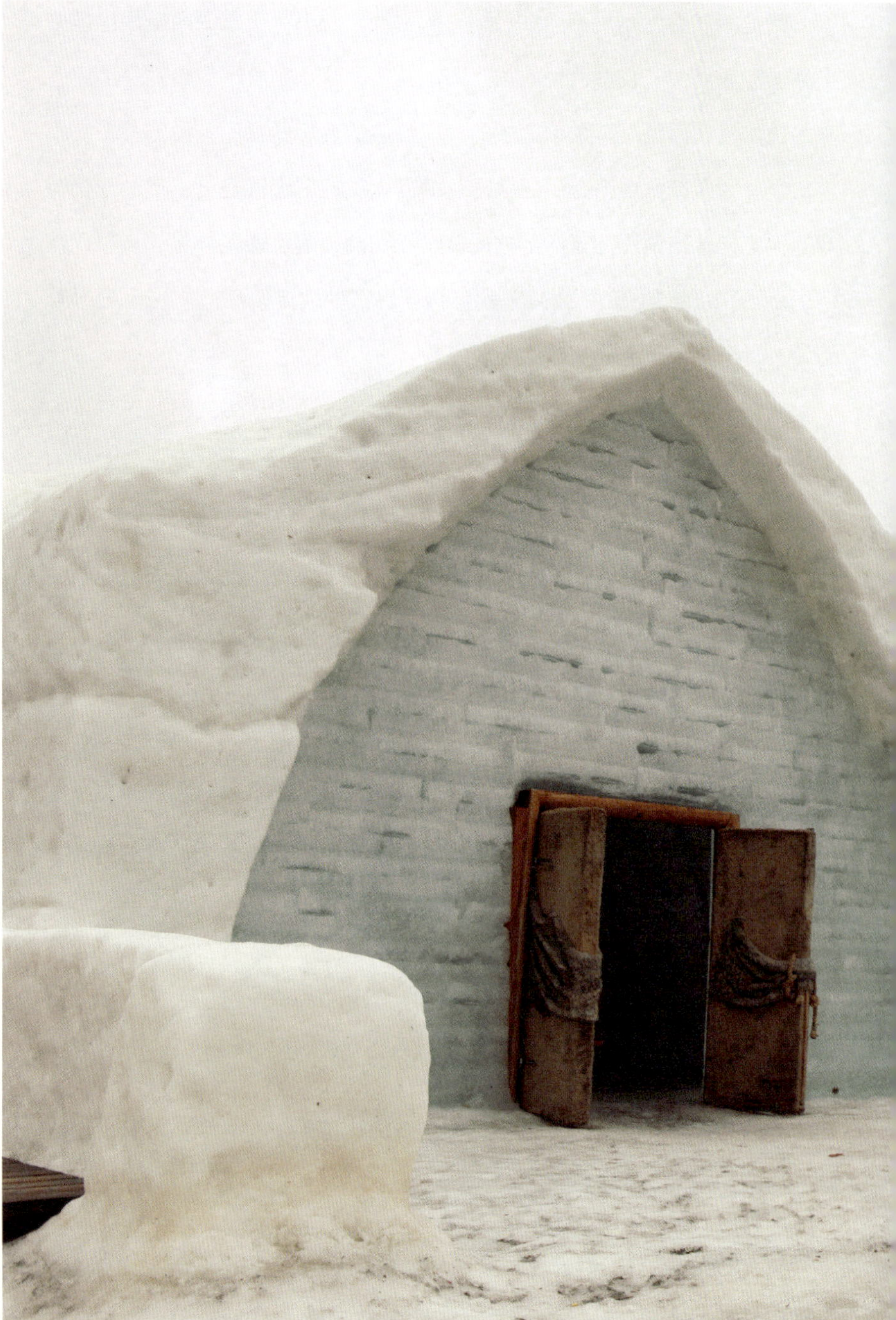

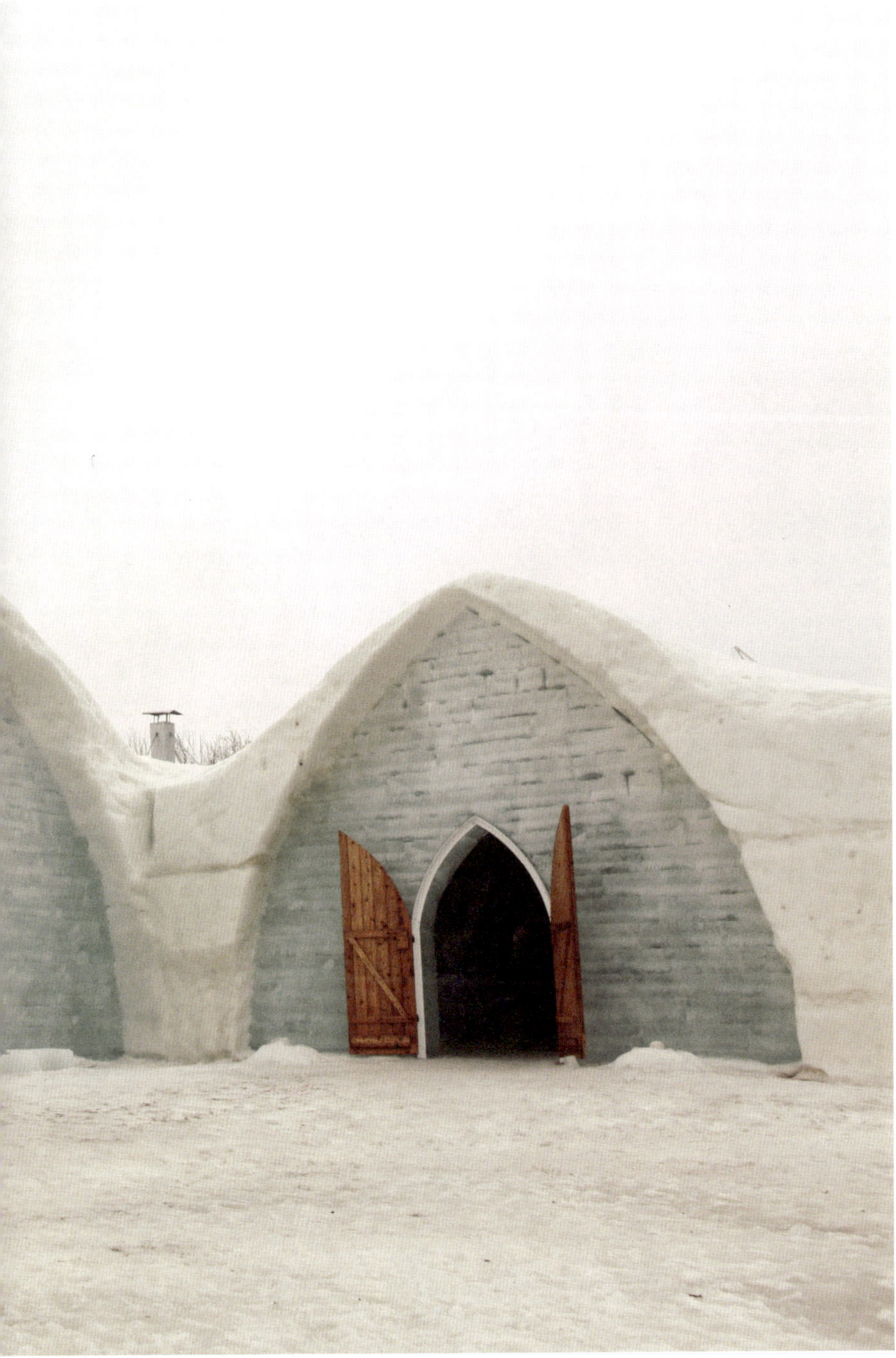

路地走上楼梯然后滑下来:"妈妈你也来玩儿啊。"我对玩儿这件事还是有求必应的,孩子的邀请我都不会拒绝。我也从楼梯上去,然后刺溜一下从滑梯顶端滑下来。小时候我也喜欢玩滑梯,还能变换各种姿势滑下来呢。当我从滑梯上站起来,心里正美呢,却发现裤子后面都湿了。我仔细一看,是因为冰开始融化了,滑梯表面浮着一层水。估计彤彤的裤子早就湿透了,可是她却没有要停下来的意思!我应该想个小法转移她的注意力,忽然发现前面有一片冰迷宫,于是叫住她说:"快看,迷宫,你不是最喜欢迷宫吗?那里也许能找到更多的'蛋'呢!"

彤彤听了以后,兴高采烈地跟着我来到冰迷宫。我走到她身边,示意她摸一摸自己的裤子,她马上意识到是滑滑梯时弄湿的,调皮地伸了伸舌头,然后跑进了迷宫里。一会儿,就听她喊道:"妈妈,我发现'蛋'了,凿在柱子上的,你怎么知道这里有啊?"我哪里知道这里有"蛋",只是想引她换个地方,没想到还蒙对了。

彤彤跑到我跟前,她的题板上已经画出了两个"蛋"。"我们再去房间里面找找吧。"于是,我们顺着路,进入一个长长的走廊,两边是客房,每个房间里都有用冰制成的大床、沙发、桌子,还有不同风格的壁画,据说这里的雕塑和装饰主题每年都不一样。

房间里很冷,比户外还要冷,呼出来的气体马上凝结成了白白的雾状。床上铺着鹿皮垫子,房屋中间也有壁炉,这些应该是住宿时的保暖用具了。彤彤继续到各屋找"蛋",时不时兴奋地喊着:"又找到一个!"

找齐了10个"蛋",酒店也逛完了,我们来到兑奖处,在一张桌子

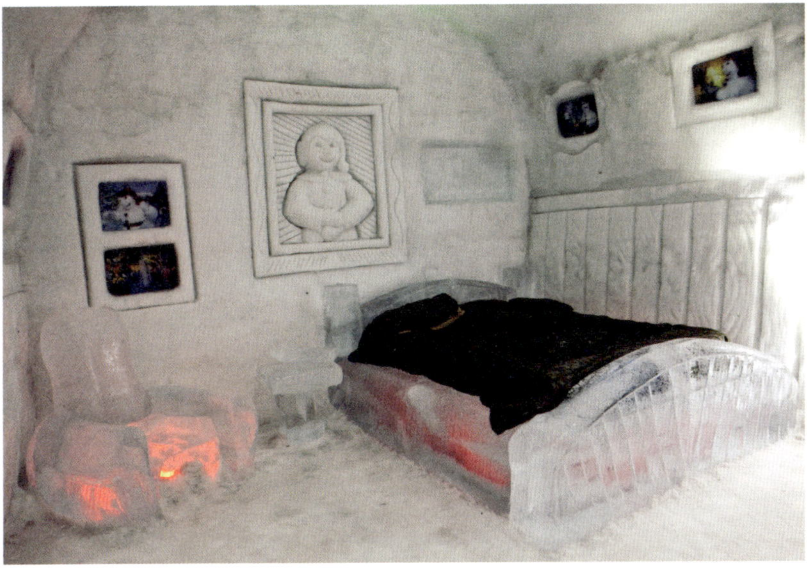

上摆着花花绿绿的小礼品：笔、橡皮、冰箱贴，还有糖果。另外在一张纸上写着："找到10个'蛋'，可以自选两样奖品。"

彤彤拿起来桌子上的东西，看看这个，瞧瞧那个，爱不释手。"妈妈，你说我选哪个？""都很好，是奖励你完成了任务，自己选吧。"这里没有服务人员管，又是最后一天活动，不知道能不能破例多拿几个。我心里想了一下。但是，彤彤就只挑了两件，一块橡皮、一支笔，然后心满意足地离开了。"你喜欢这两个？"我问。"我都喜欢，但是这两个最需要。而且有规定的只能拿两个。"彤彤认真地回答。

我们拿着奖品走出门来到后院，看到居然有人在木池子里泡温泉，热乎乎的水与周边冰冷的环境形成鲜明的对比。"哇，好享受！我们下次也在雪地里泡温泉怎么样？"彤彤说。"好啊，好生活就要好好享受！"我微笑着看着彤彤。

成长感悟

1、对孩子要有耐心，换一种引导的方式解决问题更高效。

2、尽可能地和孩子打成一片，拉近距离，她才会和你成为真正的朋友。

3、不贪心、诚实是一个人很重要的品质，我很欣赏女儿的表现。

彤彤的话

那是我第一次见到冰做成的酒店。以前只见过冰雕，还没有见过冰做的家具。晚上睡在冰做的床上，会有冰冰凉的感觉吗？还是个没有温度的被窝？很难想象身下只有一块摸起来并不怎么舒服的鹿皮"床单"是怎样的感受。虽然没有亲身体验过在冰酒店过夜，但只要看到那些亮晶晶的透着光的冰墙、冰雕、冰家具，我就已经满心欢喜了！

蒙特利尔小浣熊

1608 年，著名的法国探险家塞缪尔乘风破浪到北美洲寻找新殖民地时，无意中发现了"上帝的礼物"，这就是位于加拿大东部的魁北克省。之后，法国人开始从本土大量移居到这里，经过 400 多年的发展，魁北克省成为世界上第二大的法裔聚居和文化区。蒙特利尔就是魁北克省的经济中心、主要港口及面积最大的城市。

蒙特利尔一词来源于法语"Mont Royal"，意思是"皇家山"，因此在城市中 3 座连绵的群山就被命名为皇家山，成为这座城市的地标。1876 年，由设计纽约中央公园的建筑师 Frederick Law Olmsted 负责规划，在皇家山设计了占地 1.01 平方公里的公园。

来蒙特利尔是一定要到皇家山去看看的。吃过早饭，我和彤彤就乘坐公交车前往皇家山山顶，虽然已是 4 月，但这里还算是冬天，山顶公园的树林里还覆盖着及膝的积雪。

我们四处逛了一下，便顺着路标来到山顶观景台。这个山不高，仅有 233 米，但因在市中心，站在观景台上可以将整个蒙特利尔市的风景尽收眼底。蒙特利尔的建筑以新旧对比而闻名，区域也划分得比较清楚。距离山下比较近的是老城区，有着历史悠久的古老教堂。远一些的地方，鳞次栉比的摩天大楼和现代化建筑所在的区域就是新城区。再往远处就是著名的圣劳伦斯河。新旧融合，古今交错。

"如果晚上亮了灯应该很漂亮吧,又有这么好的机位可以拍摄。"我对彤彤说。

"你是想晚上再来一次吗?如果能看夜景当然好了。"彤彤应和着。

"晚上我们开车来,刚才路过半山腰的一个观景台可以看到另一面的景色,当年的奥运会场就在那边。"我说。

"好啊,那我们晚上再来,现在到山下看看吧。"彤彤又来了精神。

我们下了山,参观了老城区的几个教堂,又逛了新城区的几个商场。"幸运"地体验了一次一言不合就闹"罢工"的地铁,再次经历了到处是说着法语,让我们鸡同鸭讲的环境。于是我们只能退了地铁票,步行2公里回到酒店。

在酒店吃过晚饭,开上车,我们再次上山。这时,夜幕已经笼罩了皇家山。夜晚的公园很清静,只有我们一辆车行驶在山路上。

当我们把车停在最高处的停车场时,发现这里除了寒冷的山风,只有泛着微弱光线的路灯站在那里。我们拿着相机下了车,准备去找找拍摄的机位。虽然我们白天来过这里,但夜晚和白天完全是两个不同的世界,周围的寂静和黑暗的树林里散发出的一丝阴冷,让我不由得打了个寒战。我把彤彤衣服上的帽子给她戴上,拉紧拉链盖住脖子。

"妈妈快看,"彤彤指着停车场边的垃圾桶,"什么东西在上面爬来爬去的?有点像猫。"

我顺着她指的方向看去,有个小动物正在垃圾桶上翻东西。"不像是猫,比猫肥,而且尾巴大。"我说着,又往前走了几步,试图看清楚一些。

有点儿像小熊猫，不过，比小熊猫个头要小些。

"是小浣熊！"彤彤小声说。

我仔细一看，还真是。

上次在密歇根上岛的塔夸默农公园里只看到了它的爪印，没见到本尊，没想到今天无约而至啊。

幽暗的灯光下隐约能看到它脸上的"黑眼镜"。我联想到电影和动画片里呆萌可爱的形象，顿时兴奋起来，能拍到小浣熊也是收获啊！

"你去车里拿些吃的东西给它，引它离得近一点，我给它拍照。小声点，别吓跑它。"我小声对彤彤说着，下意识地把相机的感光度调高，并把设置放到光圈优先上。

彤彤从车里拿出一小筐糖和巧克力，这是在复活节找"蛋"时捡来的。她扔了一颗糖在小浣熊和我们之间，小浣熊听到声音，抬头看着我们，又看看地上的糖，没有溜走，真的朝这边过来了。彤彤在更近处又扔了一颗糖，小浣熊又朝我们走了走，离我们越来越近。借着路灯的微光，能看到它胖滚滚的身体拖着灰白相间的大尾巴和黑毛间亮闪闪的眼睛。慢慢地，它离我们越来越近，连它脸上细长的胡子都能看得很清楚了。这是我们第一次见到野生的小浣熊，而且近在咫尺。

"真棒，再喂点。"我开心地拍着照片，彤彤用糖果帮我留住它。拍着拍着我突然意识到：小浣熊并不害怕我们，开始主动伸出小爪子索要。

"再给它点。"我继续拍着。

这时候，镜头里又出现两只小浣熊，我移开相机一看，有几只呆萌的

我们的旅程

同伴看到我们的慷慨,也加入了讨要的队伍,胖墩墩的身子扭来扭去,很是可爱。它们来到彤彤身边,伸手找她要吃的。

"小心,别吓着它们。"我边拍照边小声说,彤彤不停地将我们带来的糖、巧克力、点心拿出来发给它们吃。

"妈妈,吃的快没了,它们都要扑到我身上了。"彤彤有些紧张地冲我喊道。可当时的我只顾拍照,并没有考虑到小浣熊是危险的动物。

这时,周围树林里传来沙沙的声音,由远及近,越来越大。我忽然想起在非洲时,曾因在帐篷酒店里喂猴子,而遭到猴群围攻的情景,当时幸亏来了几位男士才把我解救出去。这大半夜的,不会从森林里蹿出更多的动物吧?我越想越担心,而这时的彤彤正被几只小浣熊紧紧地围着,有的还试图往她身上爬,我猛然意识到,这些小浣熊很恐怖。"彤彤!别喂了!"我赶紧跑向她。

"妈妈,吃的都喂光了!"彤彤大叫。

贪婪的小浣熊们开始向我们发起进攻,不远处,成群的小浣熊不知从哪儿冒了出来,朝我们跑过来。"快上车!"我喊着,带着女儿朝停车的地方跑去,小浣熊也扭着屁股紧紧地追了过来。我们迅速打开车门,钻进车里,又快速关上门,按下中控锁,生怕它们也进到车里。真有点儿荒野逃生的感觉。

"它们没跟上来吧?"我紧张地问。

"没有,我们赶紧走吧。"彤彤声音有些颤抖地回答着。

我迅速地启动了车子,缓缓绕过满地的"小可爱",向山下开去。本来是一部卡通片，谁知道最后演成了恐怖片。

公园里的路是单行的，我一口气开到位于半山腰的停车场，看到这里有其他的车辆，才赶紧停下来。缓了缓神儿，但仍心有余悸。再仔细看看车里，确认没有带上一只小浣熊，这才踏实了。

此时此刻，看着远处灯火辉煌的城市，感觉真好。

成长感悟

所有的事物都有着两面性，可爱的小浣熊其实也是凶猛的动物。我和女儿的旅行，是幸福和惬意的。旅途中发生的一切，都组成了我们独特的人生片段。

彤彤的话

这次偶遇小浣熊一直是我最最骄傲的一次经历，毕竟遇到这种情景的人少之又少，所以我倍感珍惜！这段经历也成了我日后写作文很好的素材。不过现在想想，其实小浣熊还是很可怕的，下次再见到的时候还是小心点吧。

ps：小浣熊是真的很可爱。

pps：一定要尊重小动物的生活，如果再遇到类似的事情，尽量绕道而行。

渥太华罚单

游览完魁北克的艺术街区,开车前往加拿大的第四大城市渥太华,两地相距 450 公里,行程预计 4.5 小时。对于经常在路上的我们来说,这样的距离早已司空见惯了,毕竟每次出门一走就是几千里啊。在开长途的路上我和彤彤还写了一首属于我们自己的歌词,这样不仅可以打发无聊的时间,也避免驾驶疲劳。

渥太华是加拿大的首都,位于安大略省东南部,是一个具有多元文化、高生活水平、低失业率的大城市。但由于北面没有横亘山脉的阻挡,北极的强冷气流可以毫无阻挡地横扫渥太华,每年大约有 8 个月夜晚温度在 0 摄氏度以下,是世界上最寒冷的首都之一,也被称为"严寒之都"。

我们虽然没赶上最冷的季节,但是前几天在圣劳伦斯河,河边的风把我们的脸吹伤了,希望靠内陆一些的地方可以温暖一些。

我们提前预订了当地一种称为 B&B(床加早餐)的民宿,这在北美非常流行,是现在 Airbnb(爱彼迎)的前身。订房时我特意选择了提供停车服务的住处,因为前几天在多伦多时,车只能停在公共停车场,不仅需要付费,且停完车后在长相基本相同的别墅区里很难找到住处,差点把自己弄丢了。

这次,我们很顺利地找到了这间民宿,铜质的大门在夕阳的照耀下显得金碧辉煌。这回选的房间不错,我心里暗想。

我把车停在民宿门口的路边，然后进去办手续。

房子的主人是个年轻的白人女子，身材非常好，不胖不瘦有肌肉。她很热情地和我们打招呼，给我们介绍房屋内的设施。

我了解过一些有关住宿的情况后，又问了一句："门口可以停车吧？"

"当然可以，这里很安全，从来都没有丢过东西。"她微笑着说。

我放心了，待办完手续回到车里准备拿行李时，发现车前挡风玻璃上贴了一张纸，我一看，是罚单！罚单？不是可以停车吗？而且还有其他车停在这里呀。我气愤地回去找房东理论："你不是说门口可以停车吗？我刚停了20分钟，怎么就被贴了罚单！"我质问她。

她不紧不慢、和颜悦色地说："门口可以停车啊，但不是随便停，要按路边标志的时间和位置来停。"

我跑出去一看，果然，路边竖着一个标志牌，上面写着，此处这个时段的这个车位是禁止停车的。我们一路上都没有遇到过这种情况，因此没太在意道路旁的牌子。

的确是自己错了，但是又觉得冤枉。

这个罚款该怎么交呢？我们明天下午就要离开了，上午还要带彤彤去参观她心心念念的博物馆呢。

彤彤拿过罚单，仔细阅读罚单背面的交款说明，可以网上交，可以寄支票，也可以到警局现场交现金，和原来在迈阿密超速时的罚单一样。最后一条有一个单词，她不认识，查了一下是"申诉"的意思。然后她又仔细地看了一遍里面的内容，像发现新大陆一样对我说："妈妈，这里说可以去这个地址申诉。申诉是什么意思？"

"申诉就是跟警察说明真实情况，如果情况不具备罚款条件可撤销处罚。"我解答。

"那我们可以去试试。"彤彤带着希望说。

申诉？对啊，这是我们的权利，明天一早去争取一下。

第二天一大早，我们吃过民宿主人亲自做的阳光早餐（其实就是面包片、黄油）便出发了。我们按导航找到罚单背面注明的地址，原本以为只是个小警察局，到了才发现是政府综合办公大楼。方方正正且高大的楼体，几座大气的雕塑，身穿制服的工作人员，一切都显得那么庄重。

我们打听到负责办理交通事项的办公室位置，便穿过挑高的走廊到了

我们的旅程

另一个区域。这时已经有很多人在排队等候了,我们也按顺序排在队伍当中。

这里的办事效率还是很高的,不一会儿就轮到我们了。一位和蔼的、穿着整洁制服衬衫的女士把我们领进她的办公室。我把罚单递给她,并讲述了整个事情的经过,彤彤就安静地陪在我身边。

工作人员听完我的叙述,打开了电脑,用实景地图搜索罚单上的处罚位置,很快就找到我停车的具体地点,然后跟我确认。我心里正惊讶这实景地图多么的清晰准确时,一眼就看到那个金色的大门,随即连忙点头。工作人员又看了看罚单上写的地址,然后放大了电脑屏幕上的路边停车标志给我看,提示我当时停车是不合规的。我诚恳地点头承认了错误,同时也表达了初来乍到,不知者不怪的意思。工作人员听完,递给我一本小册子,说:"这里面是详细的交通规则,你可以好好学习一下。"

我接过来一看,是一本《加拿大交通法规》,连忙说:"谢谢,我会好好学习的,但是今天我们就要离开这里了。"

她问:"这是你们第一次到渥太华吗?"

"是的,也是我们第一次到加拿大。"我说。

她看了一下在我身边乖巧的女儿,随后,她拿起一个方章,盖在罚单背面,对我说:"好吧,以后一定注意,这个罚单可以免除。"

"太感谢了,我一定会遵守加拿大交通法规的。"

"好的,注意安全,祝你们在加拿大旅行愉快!"

"谢谢,再见。"我带着女儿走出市政大楼,迎面的阳光照在身上暖洋洋的,心情格外舒畅。

成长感悟

我不是因为撤销罚单而兴奋，重要的是要敢于争取自己的权利，即便机会渺茫也要去争取。即便这次没有免除罚款，也算得上一次特别的经历，是值得回忆的经历。做孩子的榜样，引领孩子成长。当然我也很感谢一路总能遇到贵人相助，我只有感恩和去帮助更多人来回报。

彤彤的话

这件事情我至今印象深刻，深刻是因为妈妈的勇气，即便她的英语不够流利，但她依然自信地去表达自己的观点。哈丽特·勒纳——一位成功的临床心理学家曾说过："要想做自己，你就要敞开胸怀地表达自己认为重要的事情，我们需要立场分明地表达出自己的界限和忍耐的范畴。" 这种态度是我一直在学习的。我也希望可以像妈妈一样，能够有勇气地表达自己的情绪和需求。

华盛顿州之旅

State of Washi

● 西雅图 ⟶ 安吉利斯港 ⟶ 奥林匹克国家公园

华盛顿州位于美国西北部,北接加拿大,西邻太平洋,以美国第一任总统乔治·华盛顿的名字命名,也是唯一一个以总统名字命名的州,首府为奥林匹亚,最大城市为西雅图。

华盛顿州地貌丰富多彩,巍峨的喀斯喀特山脉纵贯州境,像一堵墙把全州分成东西两部分。西部约占1/3,雨量充沛,靠海的地方耸立着奥林匹亚山,分布着北美洲最大的温带雨林;东部占2/3,主要是哥伦比亚熔岩高原,落基山脉斜贯东北角。

华盛顿州最著名的雷尼尔火山是美国本土最高的一座火山,也是美国排名第五的高峰。由于山顶终年积雪,大家也称它为雷尼尔雪山或美国富士山。雷尼尔火山带有几分神秘的色彩,该州出产的许多器物皆以此山为图案,颇具有神圣的地位,它就像纽约州的自由女神像、加利福尼亚州的金门大桥一样,是华盛顿州的独特地标。

这时候的彤彤已经上9年级了,我们来到了西北部的城市西雅图上学。在这里除了接触了不同的新环境,结识了新朋友,更是让我们有了新的旅行根据地。虽然彤彤只在这里学习了1年,但我们依然会利用好假期出门旅行。

这次的行程是

雷尼尔山国家公园 ⟶ 德国小镇 ⟶ 西雅图

雪山里的酒店

西雅图和东兰辛的气候条件完全不同。东兰辛自然风光虽然很美,但是从11月至次年4月都会下雪,非常冷。而西雅图冬暖夏凉,常年都是绿色,从11月到次年的4月是雨季。在晴朗的日子里,从这里可以眺望到远处一座白雪皑皑的山峰飘浮在天际,那就是雷尼尔火山。那里有原始的雨林和高原,有冒气的岩洞和温泉,有除阿拉斯加以外最大的单一冰河以及最大的冰河系统。我们刚到西雅图时就在旅游宣传册的海报上看到过那里壮观的瀑布、广阔的湖泊,苍翠欲滴的常青森林和高山上野花齐开争艳的景色。这些都吸引着我一定要去这个雄伟的山岭一探究竟。

利用4月份的假期,我和彤彤选择自驾去了雷尼尔山国家公园和周边的景点旅行。

假期的第一天,我们乘坐了载车同行的渡轮前往著名的安吉利斯港,这是太平洋岸边的重要港口。在这里可以徒步海岸边、可以爬到高塔上去欣赏海景、可以吃一顿海鲜大餐、可以倾听远处教堂里悠扬的钟声,度过休闲惬意的一天。

第二天,我们来到奥林匹克国家公园,这里和奥运会其实没有任何关系,只是因为公园位于奥林匹克半岛上。这里是电影《暮光之城》的取景地,有山景、湖景和大片大片的原始森林,以及挂满绿苔藓的北美最大温带雨林。

我们的旅程

第三天，从奎诺尔特湖边的小屋醒来，欣赏静谧的晨雾和1000多岁的大杉树后，我们就在小雨中驱车赶往这次旅行的主要目的地雷尼尔山国家公园。

行驶了两个多小时，下午6点到达了雷尼尔火山脚下，我们找到预订好的酒店。这是个历史悠久的古堡酒店，距离雷尼尔山国家公园南入口仅需要两分钟车程，是离公园最近的住处之一。小雨渐渐停了，太阳从厚厚的云层中探出头来，把这幢群山围绕的建筑渲染得很温馨。

在停车场停好车，我们来到接待中心，拉开一扇古朴的雕花铁门，里面的另一道门却是关着的。我们到达的时间有些晚了，工作人员已经下班。这次我接受了原来在特拉弗斯山顶度假村的教训，提前看清楚了酒店发给我的邮件，我知道工作人员下班后会留一个信封给我。但是信封在哪儿？没有邮箱，没有桌子，也没有架子。当我正准备转身出去寻找时，彤彤机智地发现里面那道门上贴着的黄色信封上写着"XIAO"。

"这里面会不会是我们的房卡？"彤彤说。

"哦？"我疑惑了一下。

"你看，上面写着你的名字。"她指着门上的信封说。确实是我的名字。我取下信封打开，里面有一封写着我名字的欢迎信，另外还放着一把老式传统的钥匙和酒店地图，在地图上标注了我们房间的位置。这一幕让我想起了几年前刚刚来美国旅行的一幕。这次彤彤已经有了经验，掌握了住店的规律。

"好了，先找到房间再搬行李。" 我说着。为了避免浪费体力，我

们都是确认好房间没问题才去拿行李,这也是多年旅行的经验。

话音未落,彤彤已经拿着信封和钥匙转身走了出去,我紧随其后。这个酒店是一个整体的建筑,不像度假村面积那么大,但初来乍到,对这里的方位、设施和布局还不是很清楚。

按照地图指示,彤彤带我来到另一个大门前。这是一扇紧闭的大门,门上装有密码锁,"怎么有点儿像密室逃脱呀?"我嘴里嘟囔着。我试着拧了一下把手,又晃了晃大门,没有反应,看来酒店的安全和私密性都还不错，没有密码是打不开的。

彤彤很快地浏览了贴在门上的说明，又看了我们信封里的告知书，迅速地在密码锁上按了几个数字，然后一扭把手，门开了。嘿，我还没搞明白是怎么回事儿，她已经按流程做完了所有的操作。我怎么忽然觉得自己退步了呢？看来以后我要跟着她玩儿了。

"妈妈，你应该先看看说明再操作，你不是经常告诉我做事之前要先想好了吗？"她一边"教育"我一边进了酒店大堂。我咽了咽口水，把要说的话吞了下去。

进到大堂一看，这里一点没有酒店的样子，倒像是我们曾经参观过的某个庄园的客厅，全部是欧洲古堡风格的布置和陈设，沙发、窗帘、桌子、花瓶，一切都那么有年代感。特别是椅子上的靠垫居然是中国古代皇帝和皇后的头像。"Oh my god（我的天啊）！"难道穿越了？这里的人是怀旧还是时尚？以前我们没有住过风格这么古老的地方，摆弄了几下木质的国际象棋，欣赏了墙壁上一幅幅古典的装饰画，还坐在大沙发上翻了翻茶几上码放的书籍。四周很安静，感觉整栋楼里好像只有我和彤彤两个人。我俩出门经常包山、包海、包森林，难道今天又要包酒店了？

我们顺着标识，穿过拱形的门廊，踩着咯吱咯吱响的楼梯上到2层。现在不是旅游旺季，难道这深山老林的酒店里真的没有别人了？我还在纠结这个问题。

我们小心翼翼地走在铺着提花地毯的走廊里，脚下发出吱吱的木质楼板被挤压的声音。这时，我隐约听见两侧房门背后传出若隐若现的交谈声。

我示意彤彤停下脚步，侧耳仔细听了一下，确认是有人住的，这下心里踏实多了。

　　往前看，走廊尽头的铁艺桌子上摆着鲜花、茶包、糖果，还有一本厚厚的留言簿。

　　"妈妈，就是这间了。"桌子旁边的门上写着"212"，是我们的房间。彤彤拿出信封里那把老式钥匙打开了门，哇！蕾丝的窗帘，欧式的寝具，古典的椅子、台灯，彩色玻璃的卫生间窗户，整体感觉既精致又典雅。这时的夕阳正透过上下开合的木质窗户，暖暖地照进屋里，床头墙壁上挂着一幅雪山风光的油画，和屋外的情景融为一体。坐在窗前，望着外面的湖光山色，感觉置身于童话世界，让人难以置信。

　　"哇哦，这里真美，好漂亮的床，躺在床上还能看到雪山。"彤彤一下爬到高高的床上，四仰八叉地躺着，看着窗外。柔软又厚实的床罩、枕头、靠垫簇拥着她。

　　"这个床好舒服呀！我都不想下来了。"说着，她开心地在床上滚来滚去，咯咯笑个不停。

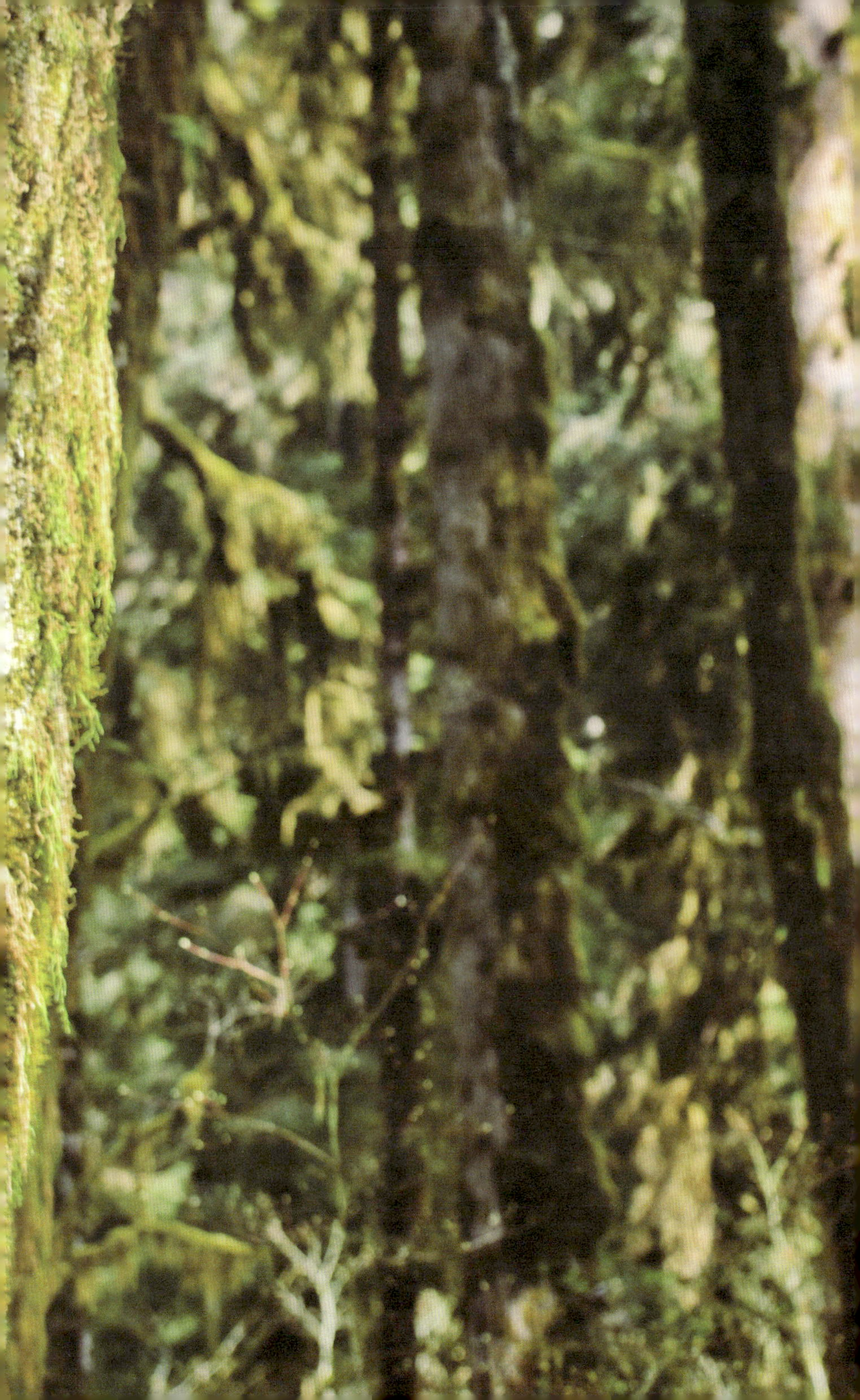

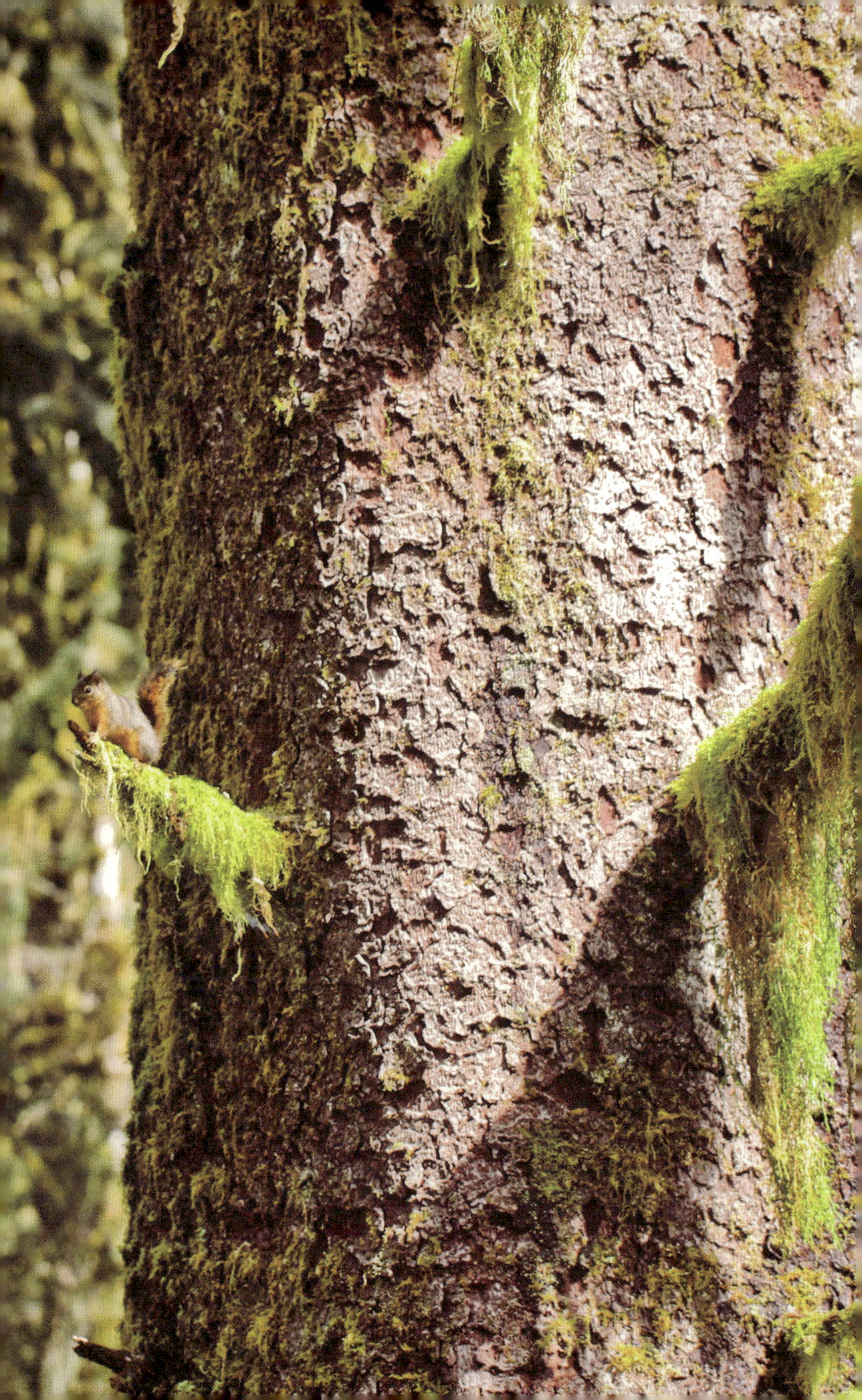

成长感悟

每一段旅程都有故事,每一个地方都有惊喜。当冰冷的订单变成温暖的现实,出其不意的美好总是让我们感动。经过几年的锻炼,女儿在性格上、社会经验上、观察力上都有了明显的改变。总之,旅行带给她的成长开始显现出来。

彤彤的话

儿时的记忆,是初春的雪山,是黄昏的湖面。和妈妈一起探索并享受生活,这是我最宝贵也最期待的时光。当然,旅行中最令我向往的地方之一就是我们歇脚的酒店。没有什么比一个温馨的房间更能让我放松的了!

雷尼尔火山

在酒店吃过丰盛的早餐，开车两分钟左右便到达公园的南门。

公园门口小木屋里的工作人员热情地跟我们打招呼。我们停下车，买了公园门票（美国的国家公园都是按车算钱不数人头）。她递给我们一份公园地图，并简单为我们介绍了今天可以参观的景点。由于是初春，很多海拔较高的景点还被冰雪封路，暂时不能去一睹芳容。她又拿出一张车轱辘上绑着铁链条的图片向我们建议："很多地方封山、封路，如果要去一些指定的地方需要在轮胎上加绑防滑链才可以上山。"她一边说着，一边在地图和图片上示意着。

防滑铁链？我看了看我们的车，估计绑上铁链子就开不动了。于是说："我们就在开放的景点看看，不会去太高的地方。"

"好的，请注意安全，祝你们游玩愉快！"工作人员热情地说。

彤彤拿着地图研究了一番，现在我们俩出行都是我当司机她指路。在公共道路可以使用导航，但在公园内就得看地图了。这是她在旅行途中慢慢学会的技能，也是旅途中最喜欢的工作之一。

"妈妈，这里最高的几个景点没有开放，我们只能去两个地方看，一个是徒步线路，另一个是叫作天堂的山顶。顺着这条路开，就可以先到达服务站和一个小博物馆。"彤彤按图所示，指挥我行驶的路线。

我们顺着路开到一处停车场，鸟儿们清脆的叫声不绝于耳，全身披着

与你一起的日子
才叫时光

我们的旅程

蓝色羽毛的鸟儿就落在我们旁边的树上。山中的空气比城市里更清新、更通透，吸上一口，凉凉的，舒服极了。停车场旁边的房子是服务站和一个小博物馆，而另一边的森林就是徒步区。

停下车，我们俩走进空无一人的大森林徒步线路，高高的松树笔直冲天，地上铺满了厚厚一层松针，散落着大大小小的松果，可爱的松鼠在树林间跳跃，鸟叫声回荡在树林间，彤彤也放松地唱起了歌，歌声和鸟鸣声呼应着，此起彼伏，几只蓝色羽毛的鸟在我们周围飞着、唱着。

我们大步穿梭在树林中间，走在偶尔还有积雪的路上，脚下松针被踩得咯吱作响。我们大口呼吸着混有天然松柏香的空气，享受着大自然的赠予。

我们在林间徒步了一圈回到停车场，又去小博物馆里观看了雷尼尔火山的介绍以及一些漂亮的图片，然后我们继续往山上开，目标是"Paradise（天堂）"。

这个景点位于雷尼尔火山西南方，地势极高，是春季唯一能到达的高点。车沿着山路前行，路两边堆着2米多高的雪墙，像是高速路的护栏一般。山坡上积雪逐渐融化，形成了溪流或小型瀑布，偶尔流过山间。路边经过观景台时可以停下车，好好地眺望群山。雷尼尔火山是世界上最雄伟的山岭之一，据介绍，公园全部开放的时候，从山顶向四周望去，可以看到1500米以下的景色全被隐没在雾海之中，只有较高的山峰探出一角，仿佛大海中的浮岛。

我们一路观景一路拍照，不一会儿就到了Paradise山顶停车场。真正的雪山就在脚下，我们能近距离地接触雪山了。如果是七八月来，这个

我们的旅程

地方应该没有雪而是一片美丽的花海吧？我想着。

这里的坡度看起来不陡，但是脚下的雪太滑了，我俩步履蹒跚地蹭到山坡上。山坡很空旷，抬头就能看到山尖。雪好干净啊，彤彤不由分说直接躺在雪地里打了个滚儿，并顺着山势向坡下滚去，还咯咯地笑着、喊着："我的妈哟，我的妈哟，晕了，晕了。妈妈你也快来试试吧。"这时候的彤彤虽然已经高我半头，但还是小时候顽皮的样子。我追着她笑着、叫着，趴在雪地里给她拍照片。

忽然，伴随着彤彤的笑声，远处传来了奇怪的轰轰声。我以为自己听错了，继续玩耍。也就几秒钟的工夫，更大的轰声从天上传来。或许是我们躺在雪地上的原因，感觉这声音形成巨大的声浪，迅速从天而降，立刻笼罩了大地，笼罩在我们周围，直击内心。

没有下雨啊，哪儿来的这么大的雷声呀？这时，就听见有人开始喊："赶快下山，要下雪了！"话音刚落，硕大的雪粒已经从天上砸下来，没有任何过渡。"山里的天，孩子的脸，说翻就翻"，我想起这句老话。彤彤看到从天而降的大雪粒，很是开心，张着大嘴品尝着雪的滋味："好好吃哦，就像冰激凌。"

"快下山！"我喊着，迅速地从雪地里把她拉起来，往山下跑。原本就滑溜的地上铺了一层雪粒，让人更站不稳了。

所有的人都跟跟跄跄地向山下撤退，我俩索性坐在雪地上像滑滑梯一样滑下来。最后的一段下山路更滑，而且要通过一个山口。游客们虽然彼此并不认识，但大家彼此帮助，相互搀扶着下了山。

我们冒着大雪粒跑回车里,这时的雪更大了,就像从天上一桶一桶倒下来一样,地上已经开始变白了。我们的车没有加装轮胎防滑链,如果雪再大,一旦封山,我们可能就下不去了。趁着路况还好,我们赶紧下山。

顺着山势拐了几个弯,也就5分钟的样子,雪突然不见了,太阳依旧高高在上,路面上没有丝毫下过雪的痕迹,越往山下开,天空越晴朗。这次我们亲身体验了山里多变的天气,不得不赞叹大自然的神奇。

成长感悟

一天的奇遇,看到壮丽的雪山,穿越茂密的森林,巧遇多变的天气。

这些难忘的亲身经历会永远存在记忆里,不褪色。

我对于孩子的职责就是带她亲近自然,体验这世界的神奇。

彤彤的话

大颗大颗的雪粒刹那间就向我们砸了下来,我们毫无准备,它们也没与我们商量,就这样从天而降。不过这种未知正是我喜欢的,兴奋、激动……在旅行中,这些特殊的经历使我成长,令我满足,是我一直以来最美好的回忆和最丰富的写作素材。

圣海伦斯火山的断崖

在餐厅吃早餐时偶遇了中国人,在这个深山的酒店里碰到中国人真是难得,我们一见如故,互相分享了旅行信息,交流了在途中驾驶的经验。他建议我们可以到距离雷尼尔火山两个多小时车程的圣海伦斯火山,说那边的火山博物馆非常值得参观。

我查了一下资料:圣海伦斯火山是一座活火山,是喀斯喀特山脉的一部分,因其山峰形状的对称以及1980年前覆盖着厚厚的积雪而受到瞩目。圣海伦斯火山包含160多个活火山和环太平洋火山带的一部分,因火山灰喷发和火山碎屑流而闻名。最著名的一次爆发在1980年5月18日。这是美国历史上死伤人数最多和对经济破坏最严重的一次火山爆发,造成57人死亡、250座住宅、47座桥梁、24公里铁路和300公里高速公路被摧毁。火山爆发引发的大规模山崩使山的海拔高度从爆发前的2950米下降到了2550米,并形成了1.5公里宽、125米深的马蹄形火山口,喷发出的火山灰和碎屑的体积达到了2.3立方公里。

看来,这座火山的很多故事都吸引着游客去亲身感受那里曾经悲壮的历史。

我看了一下今天的行程安排,只要在晚上到达德国小镇就行。而且从地图上看,如去圣海伦斯火山也没有绕太多的路,因此我和彤彤商量了一下,干脆增加一个景点。

我们的旅程

155

早餐后,我们就退房出发了。外出时,我们的全部家当只有一个背包,拎上就走。其实,人真是可以活得这么简单的。

我们开车顺着潮湿的山路渐渐行驶到平坦的公路,然后又随着路转渐渐驶入山间,随着盘旋而上海拔攀升,各种不同的植被装点着我们的路途。山中景色优美,令人心旷神怡,偶然有云雾在山间飘荡,便有一种到了仙境的感觉。1个多小时后,按照导航的指示,我们拐上了一条很窄的、近乎单行的山路,从显示的时间和位置来看,这里距离目的地大概还有1小时车程。

这条路倚山势修建,地上落满松针,雨后的路面显得有些湿滑。进山后,我们没有遇到其他车辆,由于不是旅游旺季,又不是周末,没有其他游客也很正常,不过这样也好,避免了山道路窄会车时会有困难。

我看了看导航,因为山里没有信号,导航数据不能实时更新,只显示我们的位置在地图上不断移动。还好,这是唯一的一条路,我们不用担心会走错,也能好好欣赏和享受山里的景色。我没有任何犹豫,继续向山里开去。导航也在经过几次考验后,让我相信它给的指引。

彤彤坐在副驾驶的座位上,一边听着她最喜欢的歌手泰勒的歌曲,一边录下沿途的美景。忽然,有一头小鹿跳入画面,就在前面不远的拐弯处,彤彤兴奋地叫了起来:"快看,那儿有只鹿。"小鹿听到了汽车的声音,很快离开道路蹿入树林里,消失了。

又行驶了一段时间,一棵拦腰折断的树横在铺满落叶的路面上,挡住了去路。我下车一看,是一棵高高的松树折断了,从半山坡一直躺到了路上。树干直径有 10 多厘米，很多树杈支棱在上面。

我应该能开过去，但是担心底盘会被树枝损坏，于是，拿出随身携带的瑞士军刀锯下立在上面参差不齐的枝杈。然后，我让彤彤下车指挥着，慢慢地驾驶汽车，从树干上轧过去。彤彤欢呼着："妈妈太棒了，你是最伟大的司机！"得到女儿的夸奖，我也暗自得意。"都是你指挥得好啊，才顺利通过。你是最棒的指挥家！"商业互吹有时候是很好用的套路，毕竟大家都喜欢被赞美。彤彤自然也笑开了花。

沿着这条路继续前行，还是没有遇到其他的车辆和人影，连经常在山区道路维护的工人也没碰到。正当我们有些许疑惑时，答案出现在了我们眼前，原来，由于正值雨季，降雨引起了山体滑坡，前面的路面完全塌陷，形成一道宽大的沟壑，这下我们彻底过不去了。

这条路行驶了 40 多分钟，入口处并没有标识显示已经断路啊。导航也识别不出来有突发情况呀！没办法，只能掉头向回走。可是在这几乎是单行路上掉头真不是那么容易的事，左边是笔直的山体，右边车窗外就是万丈的深渊！看着地上满是存了水的泥坑，纵然我是个有 20 多年驾驶经验的老司机也不禁有些担心。路窄、路况差是明摆着的，关键是山里没有信号，万一出了状况连救援都叫不了。

我做了一番心理斗争，然后暗暗祈祷，祝我们一切顺利吧！

我再次让彤彤下车帮我指挥，并打起十二分的精神在断崖上小心地上上下下下打了几十把轮，终于把车头掉转了方向。彤彤再一次夸奖我："妈妈你真棒！"我笑了笑说："你也是！"然后偷偷擦干了手心里的汗。原

路返回吧，这一来一回浪费了近两小时，再去圣海伦斯火山公园需要多长时间是个未知数，况且还要赶往德国小镇，所以我们只好放弃了火山之行，留下了遗憾。

我们继续前行，一路听着歌行驶在只有我们俩的山间小路上，没有沮丧，没有抱怨，但也没力气说话……

晚上，我和彤彤躺在舒服的大床上，我问她："如果今天在山里出了危险怎么办？"

她笑笑说："不会的，我们都是好人，老天会保佑我们的。"

我说："一切皆有可能，不能盲目乐观。你要多积累经验，做好应对各种事情的准备，知道吗？我为什么几次让你下车？难道只是让你指挥吗？"

彤彤收起了笑容，严肃地思考着什么，感觉她一下子又长大了。

长大就是不盲目的天真。

成长感悟

"生活没有彩排,每一天都是现场直播。"无论什么情况,面对它、接受它。孩子在家长的陪伴下很少有危机意识,但是家长这样的保护是有时限的,因此家长一定让孩子在达到独立的年龄之前学到更多的本领和建立防范危险的意识。

彤彤的话

妈妈的一番话突然让我意识到了旅行的风险。每次出门前,一定要设想各种可能性。妈妈总说,要保持最好的心态,也要想到最糟的结果。一向只做到了前者的我,下次也要试着做好后者的预想。因为这样,我们才能玩得更加开心、更加有底气! 这也让我第一次感受到,每天过得无风无雨,是有人在暗中为我撑伞。由衷地感到大人的伟大和不易。我爱爸爸和妈妈!

美国西部之旅

West Amer

● 西雅图 → 洛杉矶 → 圣地亚哥 → 拉斯维加斯
┄┄ 死谷 ──→ 毕晓普 ──→ 约塞米蒂国家公园

以密西西比河作为美国东西部的分界线，西部土地比东部相对贫瘠，山脉南北纵列分布，地广人稀，交通发达。这里的能源、有色金属矿产很丰富，农业迅速发展后，成为美国的"小麦王国""棉花王国""畜牧王国"，为成为世界农业大国奠定了坚实的基础。

美国西部本身又可再细分为不同的地域。西南部是亚利桑那州、科罗拉多州、加利福尼亚州、新墨西哥州、内华达州、俄克拉荷马州、得克萨斯州及犹他州。而西北部是蒙大拿州、怀俄明州、爱达荷州、俄勒冈州和华盛顿州。华盛顿州、俄勒冈州和加利福尼亚州三州位于太平洋沿岸，被称为美国西海岸，拥有许多重要港口，对外贸易发达。

沙漠中的不夜城拉斯维加斯、壮美的科罗拉多大峡谷、充满人文气息的旧金山、摩登影都洛杉矶和休闲放松的圣地亚哥，以及美轮美奂的国家公园和加州1号公路都让人流连忘返。

怀着对这些经典地方的憧憬，我们开启了西部自驾之旅。

这次的行程是

大峡谷国家公园 → 羚羊彩穴 → 拉斯维加斯
旧金山 → 洛杉矶 → 西雅图

加州的意外事故

加利福尼亚州是美国西部太平洋沿岸的一个州,简称加州。其第一大城市洛杉矶,是和纽约齐名的美国超级大都市,是西海岸的代表。它拥有著名的好莱坞、动感十足的环球影城、大牌云集的比弗利山庄、驰名中外的星光大道、悠闲浪漫的圣莫妮卡海滩……这些独有的魅力使洛杉矶成为很多人心中的梦想都市。

这次美国西部之旅的起点是在加州的洛杉矶,之所以选在这里,主要是因为在它附近有个迪士尼乐园。女儿一直梦想着要把世界上所有的迪士尼乐园都玩遍,而加州迪士尼乐园是世界上第一个迪士尼乐园,既然来到这里,当然是必须要去的。

加州有两个迪士尼乐园,一个是传统平和、适合老人孩子的主题乐园,另一个是惊险激烈的探险主题乐园。以我和女儿的性格必定是去更有挑战性的探险乐园了。

在迪士尼畅游的两天里,无论是游乐项目还是烟火表演,每个环节都不让人失望,惊喜连连。接下来就要前往加州的第二大城市——圣地亚哥,这也是加州的发源地。一大早,我们收拾停当,把随身物品拿进车里准备离开酒店时,意外发生了。

就在我打算从车位处右转出酒店院门时,紧邻我右侧的车位突然停了一辆皮卡,我并没太在意,仍然按照习惯从车位开出来向右转。嘎吱吱……

只听见一个不妙的声音,"坏了!"我赶紧刹车,下车去看,车右尾部的保险杠和皮卡的车尾部挤到了一起。我忽略了皮卡比普通小轿车长出一截,拐弯的角度和距离没有留够,硬生生地蹭到了皮卡上。

这时开皮卡的司机下了车,是个20岁左右的女孩。她看了看自己的车完好无损,说了一句:"一切OK,没事的,你走吧。"说完径自走开了,就像什么都没发生过一样。

一时间还没有反应过来的我呆呆地看着被挤瘪的保险杠,心想,这可怎么办?我在美国第一次遇到这种事情,又是我全责,况且车是租来的,虽说买了保险,但只选择了基本项目,不知道是否包含这样的事故赔偿。在国内,如果遇到这样的事情我还知道如何处理,可在美国是否同国内一样我不太清楚,一头雾水的我在想,要不要马上向保险公司报案?还是应该找交警?

可是,问题来了。在美国不分交通警察或者治安警察,一律就是一个电话号码——911。我的英语水平和当地人面对面聊天还行,要是打正式的官方电话可能就不行了。这时,我看了看旁边的"小救兵",希望她来打这个电话,虽然彤彤没经历过这种事情,对国内的处理流程和汽车保险业务也不了解,但毕竟她现在的英语水平比我高,沟通会更加顺畅。彤彤有些为难地说:"911?那可不是随便打的,我们这点小事要找他们吗?""我也不知道啊,但是按国内的流程应该打,我们需要一个责任认定书,这样保险公司才能理赔。现在没有其他选择了,要不然就先找地方修车,那样我们的行程就耽误了。"她听我这么一说,再看看我着急的样子,就只好硬着头皮拨通了电话。

彤彤打开免提。电话那边传来一连串电脑录音，跟国内的一样，也是选择不同的数字键进行对应的服务。因为语速过快，具体是什么我没有完全听懂。彤彤耐心地听完，按了一个数字键，很快电话那边传来一个中年女人的声音："你好，有什么需要帮忙？"

彤彤鼓起勇气开始和她交流："你好，是这样，我的车和另一辆车发生了交通事故，你们要不要来现场出具手续？"

对方问："严重吗？有人受伤吗？需要救援和救护车吗？"

彤彤回答："不严重，就是碰了一下。但我不知道如何处理。如果报保险公司修车的话需要你们出手续吗？"彤彤不会说关于保险杠之类的专业词汇，有些物品的专有名词和手续她也并不清楚，只能大概转述我的意思。

对方说："我们不需要去，也不需要开证明。"

"哦，那这种情况我该怎么处理啊？"彤彤继续问。

"去问保险公司吧。这些不归我们管。" 对方严肃地说。

"你这边有他们的电话吗？我可以去咨询一下。"彤彤小心地问。因为她只有15岁，很多生活的琐事还没有经历过，也不知道该怎么问才能帮我解决问题。

"我不知道你是哪个公司，不知道电话。以后没重要的事情不要打这个电话，这个是紧急电话，我们的线路很忙！" 对方说。

对方的语速比较快，一些内容我没听懂。当我再次示意让彤彤多问她些问题时，彤彤垂头丧气地对着电话说："好的，知道了。谢谢！"然后挂了电话。

"这就挂了？搞清楚了没有？我们应该怎么办？"我的语气略带抱怨。

这时我看到彤彤噘起了嘴，眼眶也红了，很委屈地大声说："都是你让我打电话，问题没解决，还让人家说了一顿。你都不了解情况，就让我去做。人家都说了找保险公司，你又不信。再也不帮你打电话了！"她越说越激动，声音也越来越大，最后居然哇的一声哭出来。彤彤很少会有这样激烈的情绪，我当时也没意识到一个小孩子在受夹板气。我反复让她去询问自己不相信的结果，让她感觉到不被信任。而警察的教训让她非常委屈，本来打这个电话也不是她的本意。她本想帮的忙没帮上，问题也没解决，对自己有些失望。总之，在几方面的压力之下，她彻底崩溃了。

病急乱投医，当时的情况我也不知如何是好，虽然挺难为彤彤的，但眼下确实顾不上她，事情还得解决。既然打电话不行，那就直接去警察局问一下。

我们一路都没有说话，开车到了圣地亚哥，找到了我们入住酒店附近的一个警察局。我当面向警察咨询情况，警察耐心地说："这种情况不要着急，如果你有保险，保险公司直接可以赔偿，不需要警察去现场，除非有人员受伤或发生非常严重的交通事故。911的线路非常繁忙，都是处理紧急和严重事情的，而且每一个案件都要公示并受到监督，所以尽量不要占用这个线路。"警察这么一解释，我豁然开朗，有些事情的处理方式和我想象的确实不一样，换了地方老经验不管用了。

但是，我还是不放心，又请警察帮我给租车公司打电话确认一下。警察热心地拨通了租车公司的电话，并说明了我的情况。沟通了几分钟后，警察对我说："租车公司说没问题，车都是购买的全险，还车时写个说明就可以了，现在不用修理，以后也不用赔偿。你们开心地玩吧。注意安全！"

从警察局出来，我终于松了一口气。这时才注意到一旁的彤彤。她的小嘴噘得老高，一张沮丧的小脸憋得通红，眼泪还时不时地往下掉。我赶紧拿出纸巾帮她擦眼泪："宝贝，你今天表现得特别勇敢，妈妈不敢做的事情你都可以做了。妈妈要谢谢你哦！"

听到我的话，彤彤把所有的委屈都释放了出来，哭得更凶了，眼泪噼里啪啦地掉下来。

"妈妈以前没有遇到过这样的事情，当时的情况我也不知道该怎么办了，今天问清楚了，学到了新知识，以后就有经验了，是不是？"我继续开解着，一边为她擦拭不断涌出的眼泪。

我们一起往酒店方向慢慢走着，我忽然看见前面不远处有一家餐厅闪烁着灯光，这才意识到已经下午1点多了，我们忙活了一上午还没有吃饭。我仔细一看，还是个自助中餐馆呢。

"宝贝，你英语比妈妈强多了，可以直接同警察打电话了，好多内容我都没听懂呢。"我继续安抚彤彤。

慢慢地，彤彤的情绪缓解了一些。我们也快走到餐厅门口了。

"你饿不饿？看，有个中餐自助呢，要不要去吃啊？"我问。

她抬头顺着我指的方向看去，没有表态。

来到餐厅，橙子鸡、左宗棠鸡、酸辣汤都是彤彤喜欢的口味。我们没有再说什么，只是享受着美食。

吃饱喝足，彤彤的情绪也稳定了，边吃着冰激凌边说："今天是我第一次打这么正式的电话，不过学会了几个词的用法。"

"是呀，你的进步真是太大了。不试一下都不知道自己这么厉害吧？不过也让你受委屈了。"我说。

"妈妈，你以后也要注意，遇事要冷静，我们应该做有效的事，你说对吧？"女儿说出来的话像个大人。

"说得对，以后再遇到事情，都不要慌，冷静对待。我的小宝宝长大了。"我搂着她说。

成长感悟

遇事不慌，说起来容易，做到真的很难。女儿关键时刻挺身而出，有担当，勇气值得表扬。她受委屈我心里也不舒服，但是后来发现她的承受力比原来高了很多。胸怀就是被委屈慢慢撑大的吧。

美食就是一剂心理的治愈良药，无论什么时候，拿出来都管用。

彤彤的话

"有问题找警察"这句话曾深深地印在我的心里。带着一颗寻求帮忙的心，我也没多想就拨通了911。原以为能够以一己之力好好地解决问题，结果被训了一通，当时内心是极度委屈的！警察阿姨不是很善良吗，为什么会"骂"我呢？那天在哭过之后，我细细回想起警察的话，觉得她说的确实有道理，这也是因为我们考虑不周才造成的结果啊！

死谷的热

死谷国家公园主要位于美国加利福尼亚州东南部的沙漠谷地,一小角延伸入内华达州境内。由于位于北美地壳活动频繁的盆地与山脉区,这里地貌景观独特且显著:盐碱地、沙丘、火山口、峡谷、雪山等一应俱全,还有著名的北美海拔最低点——恶水盆地。因此死谷成为美国最受喜爱的国家公园之一。

热带沙漠气候的特点是热和干旱,"死谷",在刚听到这个名字的时候就让人心生恐惧、望而却步。我们在猎奇心的驱使下决定去亲身感受一下那里的独特。

公园里,严酷的自然条件下几乎寸草不生,各种丰富的地貌形态被起了好听的名字成为观光景点,比如扎布里斯基角、艺术家之路、魔鬼的高尔夫球场……有的景点要爬到山顶,看阳光照在色彩丰富的戈壁,黄色、红色、绿色等不同矿物质层次分明。有的景点需要驾车随波浪般的山势行驶在光秃秃的群山峻岭之中……这里不同景点的独特地貌都是很好的摄影素材。

当我们到达北美海拔最低而气温却最高的恶水盆地时,正好是中午,冥冥之中,好像知道我们是来体验高温的,而我们刚好就在一天中最热的时间段来到这个最热的地点,让我们一次热个够。

当我们停好车打开车门的瞬间,一股令人窒息的热浪迎面扑来,就像

我们的旅程

169

打开了高温蒸浴的桑拿房木门一样。见此情形，彤彤有些抗拒，她不太喜欢热的地方，刚才路过的几个景点虽然热，但还有景可观，或是坐在车里欣赏。但是这里一马平川，什么景观都没有，而且温度比刚才明显升高了不少。

既来之，则安之。我们来这里的主要目的不就是体验热吗？在我的劝导下，彤彤不情愿地从车里出来了。

我们在木质栈道上走了一小段就进入了主要地段——盐碱地。地面像开了花一样龟裂，在正午的太阳下闪着刺眼的白光，我和彤彤赶紧戴好了太阳镜以保护视力，按标识慢慢走向盆地中心，运动鞋底踩在白花花的干裂的盐碱地上发出咔嚓咔嚓的声音。

我们都穿着防晒衣，担心被高强度的紫外线晒伤，但是，这些装备都抵挡不住闷热的空气。我看了一下身边的女儿，她的小脸红通通的，汗珠大颗大颗地顺着额头流下来，流在脸颊上又淌到脖子里。我递给她一张纸巾挡在额头，防止汗水流进眼睛，纸巾很快就湿透了。

彤彤穿的是七分裤，露在外面的一截小腿，像是蒸熟的螃蟹腿，通红通红的。走了一段路的我们呼吸开始变得困难了，步伐也变得缓慢。头上的太阳依然残酷地暴晒着，这里寸草不生，想躲个阴凉都没有。

在我看来，面对困难就要努力战胜它，虽然热得喘不上气来，但仍要坚持住，向前走，一味坚持的我忽略了彤彤的感受。

"妈妈，我觉得已经快被晒化了，喘不了气了！水也喝完了。"彤彤声音微弱、举着空水瓶略带哭腔地说着，红红的脸上满是汗水，随身带的纸巾也早已用完了。

这时,我才注意到旁边已经没有其他游客了,我们已经走了很远了。

看着女儿热得蔫头耷脑、红着眼圈的样子,我有些心疼,对于平时体温偏低的她来说,这种高温对她的身体真是考验啊!我立刻拉着她的手开始往回走,她呼吸略显急促,脚步沉重,即便是看到停在那里的车,也没有了尽快赶过去的力气。这次,我们是真正体验了北美海拔最低点恶水盆地的炙热了。

回到车上,车内就是个大蒸笼,座椅滚烫,我赶紧启动引擎,把空调开到最大一挡,然后大口大口地喝起水来。

没等车里凉下来,彤彤就迫不及待地坐到后座上,一动不动。随着车里的温度渐渐降了下来,她脸上和腿上的颜色才慢慢恢复了正常。

当我们最后来到公园里的游客中心时,发现这里的室外温度显示屏上显示为129华氏度,相当于54摄氏度,而这时已经是下午4点多了。

晚上我们回到酒店看了当天的报纸才知道,原来,正值热浪席卷加州,当天是北美历史上最热的一天。报纸上还说,"很多游客正赶往恶水盆地来体验高温"。我们很"幸运"在最热的一天、最热的中午时分,行走在温度最高的地点,体验了名副其实的死谷!

后来,我发现彤彤对热的承受力提高了很多,再去一些热的地方时她都会自信地说:"死谷我都去过了,其他地方都是小意思!"

与你一起的日子

才叫时光

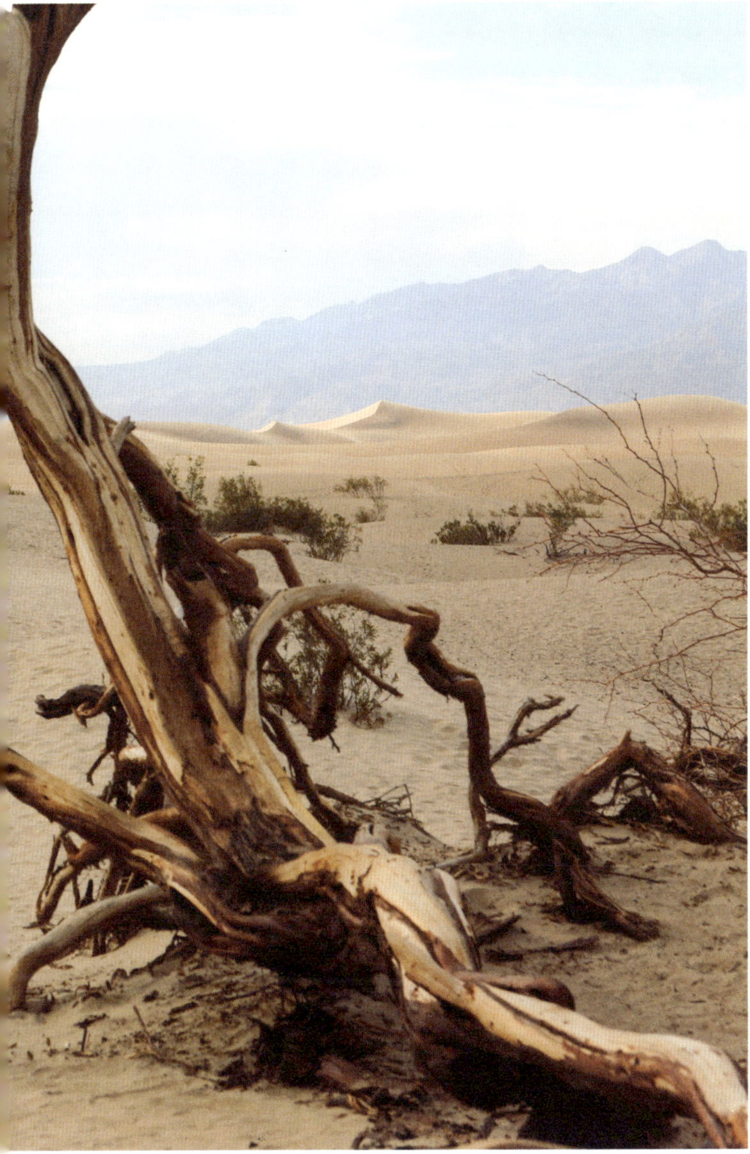

成长感悟

1. 一个人的生命长度是有限的,我们可以改变的唯有宽度。而改变的方法就是多经历、多体验不同的生活方式。

2. 己所不欲勿施于人,己所欲也勿强施于人。做任何事情不能只考虑自己,要照顾其他人的感受,即使你认为这件事是为了她好。我以前比较独断,很少体会女儿的感受,这件事后,我开始更多地关注旁边人的感受了。

彤彤的话

第一次感受了热到失去知觉。只模糊地记得那时我全身冒汗、神志不清。即便是回到车里后,汗还一直流个不停。只是自那以后,无论在任何地方遇到任何"品种"、任何"款式"的艳阳天,都觉得自己好幸福!

约塞米蒂国家公园遇险

美国第一个州立公园——约塞米蒂国家公园，位于美国西部加利福尼亚州内华达山脉西麓，1984年被联合国教科文组织列入《世界遗产名录》。以许多山谷、瀑布、内湖、冰山、冰碛和罕见的由冰川作用而形成的大量花岗岩浮雕闻名于世。"约塞米蒂"是印第安语灰熊的意思，这里以灰熊为代表的形形色色的野生动物确实特别多。除了动物，由于公园内海拔落差极大，垂直高度的变化带来气候、植被的分布也迥然不同，从寒冷的高山带到温暖湿润的亚热带，融细腻与粗犷于一身，让人不禁赞叹这鬼斧神工的自然美景。

作为摄影师，约塞米蒂国家公园是必"打卡"之地，这里是摄影人的圣地。著名摄影大师安塞尔·亚当斯就曾经在这里居住，并创作出很多在摄影界流传广泛的经典之作。

我们计划的行程是从公园东门进入，一路玩一路拍照，入住公园腹地的宾馆。第二天游览后可以从西门出去，直接开往旧金山。

我们一大早从毕晓普（Bishop）出发，一直开到白雪覆盖的山里。经历了在死谷54摄氏度的高温，今天看到厚厚的白雪倒是说不出的兴奋。

一路上，我们走走停停，欣赏着山里的风景。虽然积雪还未完全融化，但我们穿着短袖短裤却一点也不觉得冷，甚至还光着脚丫在雪地里奔跑，享受着丝丝清凉。

行驶到公园东门,那里已经停了几辆车,还有人在跟门口的管理员讲着什么。也有车从我们对面的方向驶来,我猜想他们一定是跟我们行程相反的游客。

我停好车,找到门口的管理员,可是还没等我说话,他便对我说:"对不起,东门关闭,山上积雪融化,水量太大淹没了道路。"什么?这个东门不是都应该每年 6—9 月开放吗?现在已经 6 月中旬了,竟然还有这样的事?如果不能从东门进就要绕路从西门进,旅行计划将完全被打乱。

彤彤赶紧查地图,调导航,并询问工作人员如何进入公园,反正所有的招儿都用上了,方案只有一个——绕到公园西门。我看了一下导航显示的时间,到达今晚公园里的住地还需要 12 个小时。要开 12 个小时车,时间确实有些长。可是如果取消行程我又不能接受,毕竟美国西部之行的重点就是约塞米蒂国家公园,而且公园里的酒店很抢手,我提前 3 个月交了不退款的全部房费才订到的,取消的话很可惜。权衡之下,无奈的我们只好立刻动身,向西门进发。

沿途经过美丽的莫诺湖,我却无暇欣赏它的景色,只顾赶路,因为即便这样,我们也要半夜才能抵达酒店了。

一路上除了山还是山,一会儿上坡一会儿下坡,有时猛踩油门都不给力,有时又要连续紧踩刹车,山道两旁没有护栏,必须非常谨慎地驾驶,只见窗外的景色时而一览众山小,时而身在此山中。我无暇顾及美景,只能在中途停车休息时欣赏壮观的山色。经过一番努力,我们翻越了两座海拔 3000 多米的高山。

接近傍晚时分，当再次翻过一座小山峰时，我脑海中忽然一闪念，想起学车时教练说过不能长时间踩刹车，特别是下坡时，否则会因为刹车片摩擦过热而导致刹车失灵。正琢磨着呢，突然就感觉刹车不灵了。万幸的是车速不快，正好刚刚进入山间一处平缓地带。我赶紧对准路旁一块平地，向右打方向盘，借助手刹把车停下来。

车刚一停稳，一股焦煳味儿就蹿入车内，车外冒起了白烟。"快下车！"我边喊边开了车门，彤彤也赶紧逃离了现场。

我第一次遇到这种情况，感谢老天保佑！没发生其他意外。

接下来就该想办法给刹车片降温了。记得曾经看到过大卡车开时间长了都会在一个类似水槽的地方过一下轱辘来降温，我是不是也应该往轱辘上泼些凉水快速降温呢？于是，我和彤彤拿着空饮料瓶，寻着流水的声音去找水源。

没走多远，前方出现一片营地，几辆房车停在那里。

"这里肯定有水了。"我跟彤彤说。

这时，一位美国大叔从这里经过，礼貌地向我们点头打招呼，我微笑着回应，顺便问了一句："您好，请问哪里可以接水呀？"

"是喝的水吗？"他问。

"不是，我们的刹车冒烟了，想浇水降温。"彤彤主动跟美国大叔说。现在她已经快成为专职翻译了。

美国大叔听完，大声说："哦，千万不要浇冷水在刹车片上，那样刹车片会裂的。你们的车在哪儿？我告诉你们怎么做。"

与你一起的日子

才叫时光

我和彤彤面面相觑，不知道这么做还会有风险，于是带着大叔回到停车的地方。他看了看，耐心地教给我们如何使用手自一体车的手动挡驾驶，然后嘱咐我们一定要等待至少半小时，让刹车片自然冷却后才能走。

太感谢了！大叔真是神仙下凡，抑或是天使降临啊！彤彤又向他请教了很多关于山路行车和到约塞米蒂公园路程的问题。不知不觉间，她不仅能很自然地与陌生人交流，而且问的问题都是最实际且有用的。

告别了美国大叔，我们就在车边的大树底下休息，顺便喝水吃东西，补充一下体力。

不一会儿，一辆冒着白烟的车唰的一下停在我们车后面，几个人匆匆忙忙地跳下车，其中一个妇女还抱着个两三岁的小孩儿，从穿着和肤色上看应该是印度人。

开车的司机看到我们，主动过来问我们哪里有水，看来不只是我们一辆车遇到这样的情况啊。这时，有了经验的彤彤主动上前，跟他们讲应该如何应对这种状况，如何用手动挡行车，等等。那几个印度人非常感谢彤彤，就像我们感谢那位美国大叔一样。彤彤帮助了需要帮助的人也特别开心，她说："应该把山路驾驶注意事项写在进山的路口，避免更多的司机不知道如何操作而造成危险。"

半小时后我们继续上路，我很注意地使用手动挡位控制速度尽量少踩刹车。一路小心驾驶，终于在夜里 11 点多，看到了酒店繁华的灯光。

历经 13 个小时，翻越了群山峻岭后平安到达了约塞米蒂的酒店，这也意味着这次美国西部之行中的夜行路段终于结束了。

成长感悟

自驾旅行遇到特殊的情况也是一件幸运的事情，有故事才是最好的旅行状态。这趟美国西部之行确实艰苦，很多次都是夜间行车。为了欣赏大峡谷日落的全过程，晚上9点出发前往羚羊彩穴所在的佩奇小镇，3小时在全程无光的峡谷山路间行驶，仅凭车灯，就像是玩小屏幕的赛车游戏。后来从马蹄湾去拉斯维加斯，从死谷前往毕晓普也都是晚上。这次不想在山里走夜路可还是赶上了。女儿从小跟着我到处跑，习惯了随遇而安，也习惯了吃苦。当然，对于我，自然是累并快乐着！眼睛上天堂，身体下地狱啊！当然，安全是第一位的，千万不要疲劳驾驶，量力而行。连续驾车4小时一定要休息20分钟，因为车也要休息啊。

彤彤的话

刹车失灵！车子冒烟？！也太惊险刺激了吧！不过想想还是有些后怕的，万一刹车装置真的炸裂了怎么办？当时我努力保持清醒冷静，踏上了寻水的路。有时候我们觉得是办好事，想帮忙，结果却事与愿违，就是因为缺乏知识。幸亏这次有老天保佑，让我们遇到了善良的人，才没有断送刹车片的生命！不过旅行就是这样，会遇到各种各样的事情，再用各种各样的方法去解决问题。只是我希望，所有旅途中的人们都是幸运的，无论遇到什么问题都能逢凶化吉。当然，各种知识的学习和储备都是必要的，它能让我们安全地前行。

九曲花街

旧金山，是美国西海岸加利福尼亚州的一个重要口岸，也是美国最著名的城市之一，它以醒目的红色金门大桥、五彩缤纷的九曲花街和充满美味海鲜的渔人码头著称。同时坐拥斯坦福大学、伯克利大学等名校，紧邻硅谷，是天才聚集地。

当我们连续开了几天车，从国家公园出来进入城市的时候，旧金山的金门大桥和高楼大厦都让我们觉得有人居住的地方无比亲切和温暖。

但是，进入旧金山市区后发现，在这里开车并不比在山路上容易，一会儿上坡一会儿下坡，有的地方坡度还很大，从坡下向上看，前面犹如一堵墙，从上向下望去，又好像速降滑雪场，即便这样的路，还经常要遇到红绿灯，停在路口时的滋味不知如何形容……

很早就听说这里有一条被称为"世界上最弯曲的街道"——九曲花街，短短一段路上一共有8个急弯，再加上地势较陡，因此，这条街也成了各地游客展示车技的地方。

我们这次也想挑战这条美丽的弯道。按照导航的指引来到了九曲花街附近，正当我到处寻觅路牌的时候，彤彤兴奋地喊着："到了到了，九曲花街到了！"

"在哪儿？我怎么没有看到。"我问。

"在这下面。"她向右侧的车窗外指了指。

我一探头，便吓得赶紧转回来，这哪里是街啊，简直就是一个大角度斜坡，一直通到下面那条街道。给我的第一感觉就是太陡了，不敢开！经历过刹车片事件，还有每天上上下下的山路，我对下坡路心有余悸。

"这也太陡了，比西雅图的路还陡。"西雅图市区的道路也是出了名的起起伏伏，有时候车的角度都让人感觉是站在车里开，尤其是雨天，开车会觉得很不安全，但这里比西雅图还要加一个"更"字。

我找个地方把车停好，既然来了，那就先实地考察一番。

我们步行走进九曲花街，弯曲的行车道两旁是步行台阶，步行道两边是私家住宅，各家门口和步道中间种满了漂亮的鲜花，五颜六色、花团锦簇。要不怎么叫"花街"。私家车库就在这条街两旁，出门就要下坡啊！据说这条路上的房价很贵，每天回家还都要面临车技的考验也是相当不易了。

这时，一辆坐着几个年轻人的车从上面顺着路开下来，车里开着节奏劲爆的音乐，年轻人兴奋地欢呼着，并不时向围观的人群打招呼，周围的"观众"也向他们致意，为勇敢的司机竖起大拇指，司机小伙子自豪得合不拢嘴。

我和彤彤在这条街的步行道上从上到下，又从下到上地走了一圈，观察行车的情况，发现所有司机都完成了挑战。看来这里只是看起来比较惊险而已。

彤彤按捺不住跃跃欲试的心情，央求着："妈妈，咱们也去开车吧，开吧！要不太遗憾了。来都来了，而且只要慢慢开不会有问题的。我都看好了，所有车都安全地下来了，咱们也可以的。"架不住女儿的怂恿，我也心动了，准备一试身手。就像她说的，来都来了，不留遗憾。只要保持

我们的旅程

安全车距和一定速度，应该是很安全的，要不住在这里的人怎么回家呢？

"走，我们去开车！"我坚定地对彤彤说。

"耶，太棒了，妈妈最厉害！"彤彤适时地坚定了我的信心。

我们上了车，小心翼翼地再次来到行车道的入口处，调整好角度，踩住刹车，慢慢向下行驶。彤彤也选了一首节奏感很强的音乐为我鼓劲儿，然后打开手机录像，拍摄我们的壮举。

"加油！加油！妈妈加油！"彤彤高呼。

"这怎么能加油呢，明明是刹车嘛！"我半开玩笑地说。

彤彤嘿嘿笑了一下，赶紧换词："刹车！刹车！妈妈刹车！"

真正行驶在九曲花街上时，并没有想象中那么紧张和害怕，只要注意保持车距和车速就行。

我听着欢快的音乐，放松了很多，彤彤随着节奏晃动着身体，还不时地跟步行道上的人打着招呼。那些人也为我们拍手欢呼，并竖起大拇指点赞。

一路下来，我们俩都非常兴奋，若不是天色已晚，我还真想再体验一次呢。

成长感悟

1. 只要勇往直前，困难也会让路。
2. 勇敢，但不能盲目。
3. 有时候看起来很难完成的事情，真正做了，也就有了方法。

彤彤的话

我对我妈妈的车技一向是信任的，对她的勇气更是佩服得没话说。有了这样的信心，我们走到哪里都不怕。无论怎样的弯路、怎样的险阻，我们一定都能闯过去！

南卡罗来纳州之旅

South Carol

西雅图 → 安吉利斯港 → 奥林匹克国家公园

南卡罗来纳州是美国最早成立的 13 个州中的一个，北及东北面是北卡罗来纳州，西南面是佐治亚州，东南临大西洋，轮廓呈三角形，现在的首府是哥伦比亚，17 世纪末到 18 世纪前半叶首府是查尔斯顿。查尔斯顿曾经和纽约、波士顿等地区并列为北美五大城市，是南方的重要港口和奴隶贸易城市，亦是富商巨贾云集之地。后来因为南方黑奴制引发美国南北战争，在查尔斯顿港的萨姆特要塞打响第一枪，小说《乱世佳人》对这里也进行过描写。现在的查尔斯顿就是部现实的历史书，依旧是有着独特风情和淳朴民风的"美国老南方"。而南卡罗来纳州是有历史、有故事的地方。

这次的行程是

雷尼尔山国家公园 → 德国小镇 → 西雅图

到哥村

美国的高中课程是学生们根据自己的水平、喜好和学校的毕业要求进行课程选择的。学校师资力量、学术水平不同,开设课程的丰富程度不同,特别是具有大学水平的 AP(Advanced Placement)课程。

到西雅图学习以来,女儿对自己未来的职业发展方向和理想的大学有了初步的目标,因此想多学习相关的课程,为升入大学做准备。通过朋友介绍和多方了解后,她决定转到位于南卡罗来纳州首府哥伦比亚市的一所私立学校学习。

目标确定了,彤彤表现出很强的行动力,她一方面联系要转入的学校咨询办理入学手续,一方面与现在的学校沟通转学事宜,一切做得井井有条。最终,彤彤以优秀的 GPA 成绩和面试表现顺利通过考核,仅用 3 天就拿到了新学校的录取通知。

就这样,哥伦比亚成为我们在美国生活的第三个城市。

哥伦比亚位于南卡罗来纳州中部地区,是该州最大也是最重要的城市之一。1786 年,它继查尔斯顿后作为新首府成立。哥伦比亚是美国最早设计建造的城市,市内的许多文化设施、公园和休养设施使得它经常被用作高生活质量的范例。近年来它也入选"美国生活质量最高的 30 个城镇"之一。

虽然有如此多的优势,但它并不是繁华大都市,作为美国南方棉花、纺织工业和农产品的集散中心,被当地人戏称为哥伦比亚农村,简称哥村。哥村是典型的南方天气,夏天晒、热,冬天几乎没有降雪也不会太冷。

到了一个全新的环境,我们又要重新开始了。在这里没有合作项目,也没有认识的朋友,因此一切都要靠自己。初到这里时,为了保证开学后彤彤上学方便,我们就暂住在她学校附近的民宿里,但这并非长久之计。于是,彤彤每天在网上寻找当地的租房信息,要尽快找到固定的长期栖身之所。她像做旅行攻略一样,把找到的租房信息在地图上标记下来,算好每个地方之间的距离,制订出看房计划。我参考她的安排,提出建议,确定方案后便行动起来。

哥村地方大,各个地方相隔较远,第一天我们没有经验,认为只需要5分钟车程的地方可以步行到达。结果,在8月的大太阳底下足足晒了40分钟,脸上都晒爆皮了。第二天、第三天,我们都是叫出租车去看房,每天跑好几个地方,还要做记录进行比较。虽然很麻烦,但在我们眼里这跟旅行没什么区别。经过后来的实践和比较,我们发现出租车的费用比租车还要贵,而且不能保证随叫随到。美国是车轮上的国家,没有车就像没有脚,看来买车的问题迫在眉睫了。

彤彤调整搜索资讯的方向,在网上找公寓的同时开始联系一些二手车车主,询问卖车信息。这对于一个还不会开车的孩子来说完全接触了新的领域,也为日后学习驾驶做了准备。接下来的一天,她就陆续接到了试车的电话。

经过筛选,我们约了一个看起来比较满意的车,前去试驾。这是在一

与你一起的日子

才叫时光

个二手车市场，不大的院子里密密麻麻地摆放着不同品牌、不同型号的车辆。在美国，二手车置换既普遍又方便，大部分车主比较爱护车辆，相关的维修、保养、过户等情况，在系统中记录得一清二楚。考虑到我们只是在女儿高中阶段使用这辆车，只要性价比合适就可以直接过户。

老板是个巴基斯坦人，一直都做二手车生意。他看我们是女生，便推荐了一辆刚刚入手的新车，是一个刚考上大学的女孩子出售的两厢轿车。这不是我们先前看上的那辆，但是比那辆更新、更小巧，车玻璃外贴着粉色的艺术字，车内的座椅上还有个外星人的装饰，就好像是在地球着陆的小型飞船。经过试车和查阅相关信息，我们非常满意。因为在2012年我就有了美国驾照，还曾经有过自己汽车的记录，这次买车就比较简单了，填了几张表，交钱后5分钟就拿到车钥匙，一切OK了。车市老板给小车装了一块限期50天的临时牌照后，我们高高兴兴地驾驶着"小飞船"回家了。这是我们到哥村的第四天。

有了出行工具，我们的活动半径也扩大了。功夫不负有心人，如我所愿，在一周之内我们找到了各方面都非常理想的公寓，并且有空房可以马上入住，于是我们很快就安定下来了。

在美国租房，房间里一般都是空的，没有家具、电器，所有的东西都要自己添置，连很多生活服务都要自己申请办理。我和彤彤每天奔波在家居市场。同时为了办理车牌，我们还要跑保险公司和当地的税务大厅。总之，一切都要亲力亲为。彤彤呢，每天会按照自己列下的日程表，给不同的公司打电话联系各项服务，水啊、电啊、网络啊。她作为一个高中生，除了会学习，还把日常事情安排得井井有条，真正成了我生活中的小助手。而且，现在她的英语水平已经让我望尘莫及，出门时都是她独当一面。我们在两周之内，赶在彤彤开学前把所有的事情都处理完毕，一切都妥当了。

就这样，我们开启了在美国第三个州的新生活。这里也就成了我们新的根据地。

成长感悟

不知不觉中,女儿在过往生活上积累的经验开始显现出来,遇事也能成熟应对。实实在在的生活经历让她学习了新知识、拓宽了新领域,为她日后生活的方方面面打下了基础。

彤彤的话

到达南卡罗来纳州后,我学到了很多生活上的知识。想到几年前妈妈带我在密歇根生活,我无须考虑租房、买车、交水电费等生活支出,只是跟着妈妈天南海北地旅行。现在我慢慢长大,开始学会一些必备的生活技能,比如联系二手车公司预约试车、去保险公司选择保险条款、在网上交房租和物业费等。越来越多的事情进入我曾经单纯美好的小世界,越来越多的责任也会陪伴我长大。但无论如何,我对生活的热情依然高涨。我想要拥抱每一寸阳光,也想要触摸每一片土地。希望在未来的生活中我能够保持一个独立的人格,无论前方道路是平坦或是崎岖,我一定会充满信心地向前奔去。

惊艳的春晚总导演

春节晚会对每个中国人来说并不陌生,它是春节期间必看的节目,也是阖家团圆的一个象征。在美国的华人同样非常重视春节,华人机构会举办很隆重的春节晚会来庆祝。但是,在美国的学校里,当地老师和学生们并不了解这个中国的传统节日,也并不是所有学校都会重视。随着现在留学的孩子逐渐增多,中国学生把节日文化带到了这里,学校里也慢慢开始过春节了。

彤彤很幸运,她所在的学校非常重视不同文化的交流,每年都会让中国的学生们自己组织春节晚会。而且还会给予一定的资金,用于晚会上相关物品的采购和晚宴的经费。

彤彤所在学校的高中部约200人,但中国学生只有十五六个。她刚到学校的第一年,就在高年级学长的带领下,作为骨干人员参与了整个春晚的筹划、组织工作,还做了一名主持人。那一次,她身着一身汉服,全程英文主持,惊艳了整个会场。

第二年学长毕业了,彤彤就担当起了春晚总策划和总导演的职责。在整个春晚团队的信任和支持下,她从节目的整体筛选、编排到现场互动游戏的安排,从宣传海报的制作到老师同学的邀请,从晚会整体把控到活动现场主持……台前幕后到处都留下了她的身影。

在团队的共同努力下,晚会取得了圆满成功,而且创下了历届春晚参会人数最高的纪录。同学们的精彩表演，趣味横生的传统游戏，让到场的美国家长和同学都赞不绝口，彤彤风趣幽默的主持和灵活机智的救场，以及互动环节的自如应对，得到了校长和老师们的一致夸奖。

这些成绩的背后，只有我这个做妈妈的才知道彤彤付出了多少，才了解她面对困难时是怎样坚持下来的。

从开始筹备晚会的那一天起，她几乎没有在夜里 12 点之前睡过觉，每天写完作业，就开始头脑风暴，搞策划、建团队、出创意、定方案、设计宣传海报和节目单。晚会前的两周时间，开始组织排练节目，要撑起一台晚会，不仅在节目数量上需要精心安排，在节目质量上也要推陈出新，由于中国学生较少，所以彤彤主动提出在担任主持人之外，再参与一个乐曲演奏节目，这两周，她除了在学校排练节目，回到家还要调整和背诵主持词。此外，在物品采购、预订餐食等方面，她也积极协调，出谋划策。

这次春晚的成功，凝聚着彤彤辛勤的劳动和无私的奉献，同时也是对她勇于接受挑战和甘于付出的最好回报。

彤彤的记录

我带着一腔热血和美好的期待开始了春晚的策划。平日里积攒的所有新奇想法都如行云流水般地被写入了策划案。我想着每一年都要有创新，比起台上的主持人和演员全程讲话或单纯的表演，不如直接让每个人都参与进来，零距离感受中国文化。我预想在现场搭建几个小型活动站，让到

达的客人直接参与活动（如写毛笔字、猜谜、筷子夹糖等游戏），这样既可以活跃晚会开始前的气氛，还能缓解提前到场的客人无聊的尴尬局面。有了这样的活动方式，我们只需要在每个活动站安排两名中国同学带领大家玩游戏即可，还不用增加更多的成本。我一直对自己的完美计划和超强的行动力充满信心，直到开展第一次小组讨论会的那天，我突然开始对自己的能力产生了怀疑。我自信地展示着这份充满创新的流程策划单，带着满满的期待等着大家一致的赞许。然而万万没想到，超过半数的人竟齐刷刷地举手否定。

"这样活动还叫什么晚会呀？"

"我不想组织大家玩游戏。"

"这现场得多乱啊！"

"想法是挺好的，可客人还怎么吃饭呢？"

"这都是给小孩玩的游戏，客人不想参与怎么办？"

"别弄这么麻烦了，准备几个节目表演不是挺好吗？"

……

大家你一言我一语地说着。

我一下慌了神，"这都是什么问题？怎么会有人不想参与呢，现场热热闹闹的多有意思"，我心里想着。面对大家的质疑，我很不服气，却也说不出个所以然。只能以让大家回家头脑风暴来结束这次会议。此刻，我突然意识到团队协作的重要性，以及每个组织间相互了解和建立信任的难度。

会后，我回家仔细斟酌，经过反复地设计和推敲，重建了整个计划。我分别了解了同学们所担心的问题，又采纳了一些很好的想法，尽量保证晚会完整度的同时落实每个人最想要实行的想法。我熬了几个通宵，最终策划出了完整的晚会流程和 Plan B（备选方案）、每个人的任务以及晚餐的安排。这个流程以小型活动站的形式开始，为的是填补提前到来的客人和晚会开始之间的空白期。在大家吃晚饭时，我们播放中国春节晚会的视频。之后晚会以传统形式展开，我们准备了不同形式的表演，其间有主持人配合 PPT 内容介绍中国文化。

在晚会结束的那一刻，之前遇到的困难和压力都如释重负。在看到大家为做同一件事而努力过后的灿烂笑容，澎湃的情感和实实在在的成就感瞬间充满了我的内心。

这次当春晚总导演让我身负重任，对我来说，负责整场活动不难，难的是调解同学关系和让大家都积极地向着同一个目标前进。但无论多难，团队的力量是最璀璨的光芒，它将照亮我远处的梦想。

成长感悟

真心想把一件事做好，甚至做到极致的时候，自身的潜能就会被激发出来。如此大型的活动是何等考验人啊！我曾经在北京电视台文艺部实习过，当时碰巧也在做春节晚会的节目，我除了给女儿一些建议，就是给她做好吃的为她鼓劲儿了。当然，晚会现场，我身着汉服教美国孩子写书法也算是帮了她一个小忙。加油，彤导演！

组织这场晚会是一件很快乐的事！虽然每天很累，但是团队的协作和想法的碰撞都给予了我们极大的动力。几个月的努力无非就是想让美国人了解中国文化，让中国学生都团结一致，有使命感。晚会圆满结束的那一刻，大家都感受到了最真实的成就感，曾经的重重困难也就都丢到历史的长河里去了。

彤彤的话

蓝岭公路的乡村音乐

蓝岭公路是美国最著名的公路之一,是观赏北美洲东部阿巴拉契亚山脉的景观公路。1936 年由罗斯福总统在经济大萧条时期始建,作为当时推动经济和就业的方案之一。蓝岭公路北端始自谢南多厄国家公园(Shenandoah National Park),穿过弗吉尼亚和北卡罗来纳两个州,南端结束于大雾山国家公园(Great Smoky Mountains National Park)。最高处海拔 1845 米,沿途开凿岩石隧道 26 条。

蓝岭公路全程 755 公里,想好好玩下来需要 3 天。彤彤虽然是 11 年级,但是她想提前毕业,学习任务就会更紧张,能休息的时间也很有限。我们只能体验其中的一段。复活节假期,我和彤彤选择了离我们最近的阿什维尔到大雾山国家公园一段,去欣赏壮美的阿巴拉契亚山脉及其周边的小镇。

这次的行程如下。

哥村(南卡罗来纳州)→阿什维尔(北卡罗来纳州)→大雾山(北卡罗来纳州)→盖特林堡(田纳西州)→鸽子谷(田纳西州)→哥村(南卡罗来纳州)

阿什维尔是北卡罗来纳州西部最大的城市,也是艺术家之都,到处充满了艺术的氛围,街道上的壁画、餐厅里的装饰、广场中的设计,甚至每

与你一起的日子
才叫时光

个餐厅里的每一道菜都是艺术品。据说这里居住的人一半是画家，另一半是美食家。古朴的山城、艺术家的天堂、美食目的地，是人们对这里的形容。遗憾的是，我们只在这里游览了一天，就进入了蓝岭公路。

蓝岭公路确实没有让人失望，沿途森林、河流、瀑布、山谷，让心情格外放松与愉悦。我们在山中悠闲地行驶，一路听着CD里播放的乡村音乐。

在观景台驻足，欣赏壮丽的阿巴拉契亚高地连绵起伏的山脉，看着远处的群山被一层层雾气笼罩呈现淡淡的蓝色。

"为什么会出现这样的景象呢？"我问彤彤。

"是森林释放的碳氢化合物让这里的空气变得不一样，在太阳光的照射下，把整座山都渲染成了蓝色，这也是蓝岭公路名字的由来。"彤彤自信地告诉我。经过这些年的旅行，彤彤现在出门前的功课已经做得很全面了。

我们来到最高峰米切尔山，把车停在路旁的停车区后便徒步进入山中呼吸新鲜空气，欣赏天然的一草一木了。彤彤在山间小径上走得飞快，一会儿就不见了踪影，只听见她的声音不时地在山路上回响："妈妈，你在哪儿？我已经上到一个大石头上了。""妈妈，你在哪儿？我从一棵倒下的大树底下钻过去了。"

……

4月份的山中还有些冷，树还没有发芽，但看到满山的枝杈，便可以想象这里夏季的枝繁叶茂和秋季的色彩斑斓。

蓝岭公路南端的终点是著名的大雾山国家公园，这里是美国本土每年访客量最多的国家公园之一。穿行在密林掩盖的山路或在山顶看烟雾缭绕的山谷，都使人心旷神怡。

由于欣赏日落，天快黑了我们才翻山越岭地赶往当天的驻地。山里手机没有信号，彤彤一直看着地图，给我现场导航。我们的车在越来越暗的山路中穿行，七拐八拐的山路几乎让人崩溃，哪怕对我这个早就习以为常开山路的老司机来说，这旋转的几个360度盘山路也是考验。

在漆黑的山里拐了近1个多小时，真的快要绝望的时候，山路前面突然灯火辉煌、高楼比肩，这突如其来的一幕顿时让我怀疑自己是不是太累了，但仔细一看，哇！不是幻觉，这大山深处竟藏着如此繁华的小镇，我和彤彤都惊呆了。

开车进入小镇，迎接我们的是穿梭不息的人流，以及略显拥挤的道路。我跟着前面的车停在红绿灯处，看着两边繁华的商铺，听着热闹的乐曲，才慢慢回过神来，这就是田纳西州的传奇小镇盖特林堡。这里最早期是印第安人居住地，后来因为成千上万的游客到大雾山旅游，就逐渐变成了闻名遐迩的旅游小镇。镇上各色餐厅、酒店、博物馆、水族馆一应俱全，繁华程度不亚于大都市。

开了一天车的疲惫被这样的场景一扫而空。"走，去逛街。"我激动地对彤彤说。我真是好奇心爆棚，每次到个新鲜的地方都像是"开了挂"。

我和彤彤喜欢体验当地有特色的东西，不管是美食还是文化。田纳西州是美国乡村音乐的发源地，去感受当地传统的乡村音乐自然是一件很惬意的事了。

我们来到当地最著名的演出剧场，还没进门，就听到木吉他的旋律和

我们的旅程

欢快的节奏。离得近了,我听出来是《哦,苏珊娜》的旋律,但是歌词做了适当的改编,更适合今天的场景。乡村音乐的特点就是曲调简单,节奏平稳,带有叙事性,具有较浓的乡土气息,是美国劳动人民最喜爱的音乐形式之一。也有人把这种音乐叫作"蓝领音乐",这个"蓝领"可不是蓝岭公路的"蓝岭"那两个字,而是称呼工人、劳动人民的那个"蓝领"。我忽然想起今天在蓝岭公路上一直收听的都是蓝领音乐啊,不禁觉得利用中国有趣的语言把美国的文化串在一起也很有意思。

我和彤彤挤过人群,沿着楼梯来到剧场的 2 层,顺着人群的缝隙看到 1 层屋子中央方形小舞台上有 3 个人,分别拿着大提琴、民谣吉他和班卓琴在投入地表演。仔细听,歌词很风趣,把各州的名字都编进歌词里,欢迎大家来到田纳西。

有个空位，我们赶紧站过去，这才看清台上的3个人，一个40岁左右、一个60岁左右，还有一个白胡子拖到胸前的老人家。在后来的演出中我得知，这位最年长的老人出生于1936年，在2019年时他83岁，来自乡村音乐的发源地纳什维尔地区，从小就接触乡村音乐，而且一辈子都在传播乡村音乐。在很多人眼里他岁数不小了，但是他一直在台上激情地演出，每天要站好几个小时。演出结束他还要去录制唱片，真是朝气满满又富有力量。说来也巧，1936年，他和蓝岭公路同岁，是乡村音乐的同龄人。

我们随着音乐拍手，跟着歌手哼唱，陶醉在一首首熟悉的旋律中。

成长感悟

一个人喜欢一样东西很容易，一辈子喜欢一样东西不容易。唱乡村歌曲的老人家是最好的鉴证。

彤彤的话

行驶在弯弯曲曲的山路中别有一番滋味。我们穿梭在森林深处，一辆车，两个人，在警惕着危险的同时也欣赏着四周美景。在开往目的地的途中，最有意思的是计划外的风景。即使偶尔走错路，也可能会有更大的惊喜。

一起去远航

"我最近看到一篇报道,有人驾着帆船环游世界。然后我查了相关资料,我觉得我应该去试试开帆船。"彤彤既兴奋又认真地说着,"首先,帆船这种运动需要通晓很多知识,天文、地理、气象都要用到,特别是要会辨别风向,运用风力,好像还要用到物理学。其次,要有动手能力,比如修理设备、换零件什么的。然后呢就是要团队合作,很多事情一个人是干不来的。总之,需要一定的综合能力。最后,也是最最重要的,就是我喜欢大海,又喜欢旅行,帆船正好把它们结合起来了,能够开着属于我的帆船去世界各地旅行,这是一件多么浪漫的事呀。妈妈你说,是不是特别适合我?!"

听完彤彤的话,我有些震惊,一直被我呵护的宝贝长大了,有了自己的目标和前进的方向。看着她眉飞色舞的样子,我也为她能找到自己喜欢的事情而高兴。

"我先把帆船学会了,然后开着帆船到处去潜水,那该有多爽啊!"她继续补充着。

彤彤做事情有她自己的想法,我除了给予适当的建议,能做的就是全力地支持,做她最坚实的后盾。

期末考试一结束,我便和彤彤来到她已经联系好的帆船学习地——默特尔比奇,大西洋沿岸著名的度假海滨,开启了她的船长学习之路。

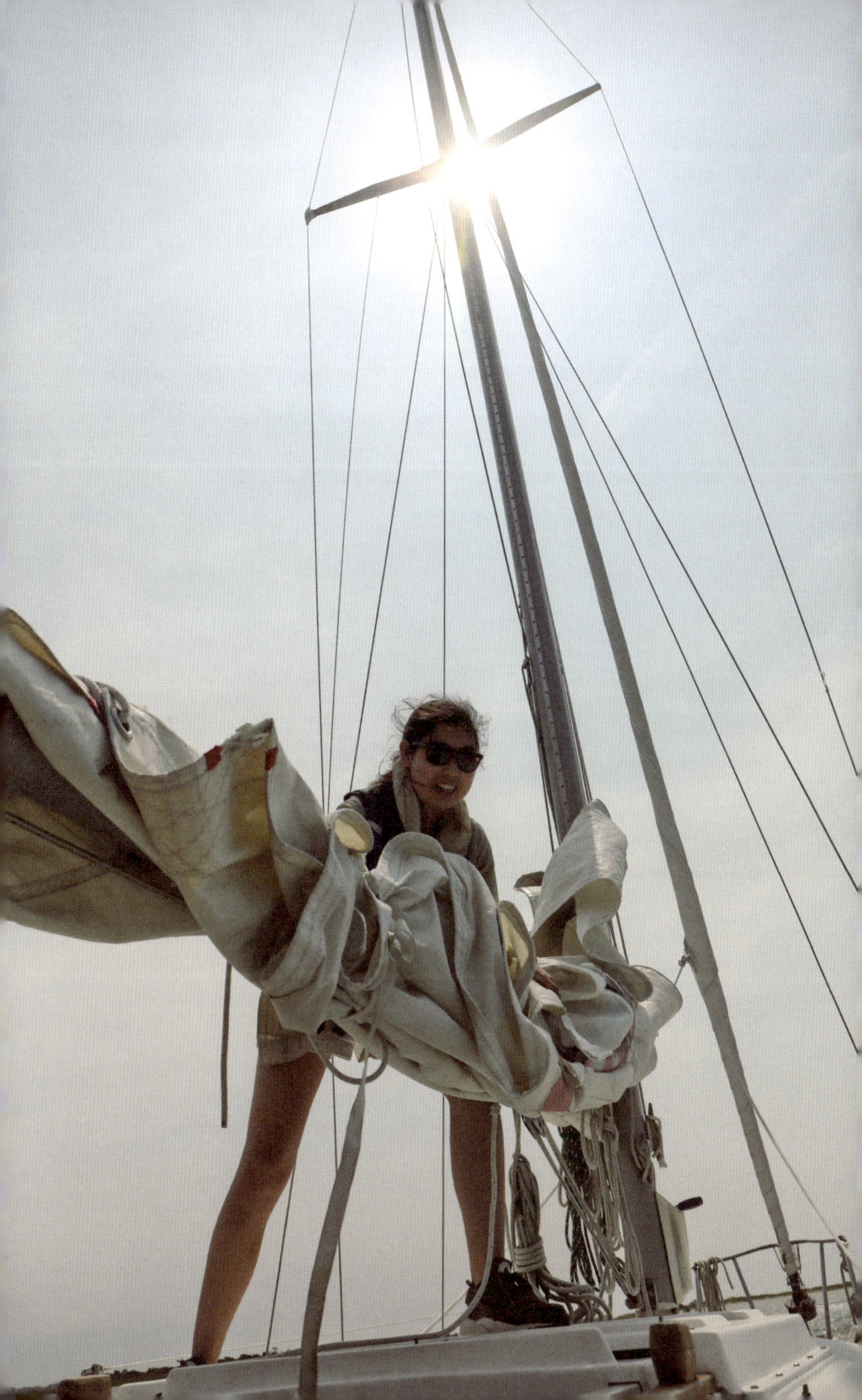

在这里，她学会了开船、升帆、了解风向、认识海洋，经过一番学习，彤彤对于当一名船长更加心驰神往了。

随着学习的深入和参与远航后，她认识到驾驶帆船不仅是一项技能，更是对心理承受力和团队协作能力的考验。船长也不仅仅是一个好听的名字，更是一种责任、一种担当。在女儿18岁这个重要的年头，她顾不上自己身体的不适，发着烧便登上了远航的帆船，充分体验"越是美丽的风景，越在狂风暴雨之后；越是不平凡的快乐，越会带给你艰难险阻"。当帆船在两三米高的海浪上面不停地颠簸前行，船员们恶心、呕吐、晕厥是司空见惯的。在如此恶劣的条件下，依然执行3个小时睡觉，3个小时掌舵、调帆和瞭望的生活习惯，昼夜不停地行进。在下着大雨时要坚持把饭吃完，因为下一顿什么时候吃并不知道。如果钓到鱼就有肉吃，能吃上方便面都是改善生活。在忍耐着身体的病痛时，还要顾及风速、流速以及帆的角度对速度的影响。在船上，作为一个船长就要为全船的人负责，无论出现任何意外情况都要首先保护船员的生命安全。

小小的帆船独自行驶在茫茫大海上，遇到狂风暴雨时也不是浪漫的代名词了，而是要全体船员克服所有困难、战胜恐惧心理才能完成航行。彤彤在真正的体验中有了思考和成长，学会了坚持和责任，这对她来说才是人生最大的收获。彤彤知道，"帆船远航难就难在它一旦开始便无回头的路。不像开车可以随时停下，也不像跑步，累了就可以选择放弃。在船上，只能向前，只能相信团队的力量。必须克服自己生理上的困难来达到心理上的高点"。

这次难忘的经历，成为彤彤成长路上的里程碑。在船上，克服了一切困难后，四周的海水和岛屿似乎被重新涂上了美丽的颜色，风和海浪的流动也渐渐将疲惫带走。在白天瞭望的时候，看着成群的飞鱼跃出水面。在那个最浪漫的夜晚，抬头仰望星空，对着流星许愿。一起感受压舷的极致快感，体验海水溅在脚上的一丝温柔与清凉。在没有信号只有音乐的陪伴中，我们的帆船是银河下最美丽的一抹色彩。这一切好像是一场梦,那些不平凡的经历都深深刻在了心里。这也是彤彤为自己选择的最特殊的成人礼。

而我,每次都会克服种种身体和心理的不适陪伴彤彤左右,同她一起远航,看着她坚定地站在船长的位置上,手握着舵轮,微昂着头,坚定地看着前方的海面。彤彤真的长大了,175厘米的身高已经超过了我半个头。她已不再是那个性格内向、站在我身后的彤彤了,而是一名有理想、有追求,坚定、自信,可以迎着风口,为自己命运掌舵的船长了。

6月的南卡罗来纳州,正是最舒适的季节,空气中充满焦糖海盐的香气,阳光暖暖地洒在海面上,照在船和我们身上,把平凡的生活都镀上闪闪发光的金色……

旅途中的
硬核技能

旅途中的目标管理

在成为摄影师之前，我的专业是企业管理，也做了近 20 年的管理工作，经常参加相关课程的学习和阅读相关的书籍。我会把学习到的一些管理知识教给女儿，并一起在生活中实践。比如做目标计划、做阶段检视、做脑图、做档案归类管理等。但是，那时候女儿年纪小，总会觉得教条、无趣，没坚持几天就放弃了。管理学上目标管理的概念是这样的：目标管理是以目标为导向，以人为中心，以成果为标准，而使组织和个人取得最佳业绩的现代管理方法。在企业个体职工的积极参与下，确定工作目标，并在工作中实行"自我控制"，自下而上地保证目标实现的一种管理办法。目标管理的具体做法分三个阶段：第一阶段为目标的设置；第二阶段为实现目标过程的管理；第三阶段为测定与评价所取得的成果。那么如何把理论与实践相结合呢？我用了举例子的方式，给她讲了运动员跑马拉松划分每个小目标在途中分阶段检视的故事。但孩子似乎听得明白，落实到学习和生活上依然很困难，不好融合，而且感觉离自己有距离，不愿意实施。后来我们经常出去旅行，才发现原来做旅游攻略不就是最能体现目标管理的吗？

每次出门必须提前明确我们的每一个目的地，即设定目标；每天都去哪些地方，怎么玩就是目标行程管理；最后把当天或整个行程的实现情况与最开始的计划进行对比就是测定与评价。经过一整套的实践后复盘总结经验教训，并完善下一次计划。

这些计划开始都是由我来制订，彤彤就跟着玩。后来，旅行多了，她有自己想去的目的地时，就会参与建议和查资料。再到后来，我就培养女儿参与更多的工作，在我的指导下共同完成攻略。而现在她可以自己做出全套的行程计划书并实施。比如美国西部的线路就是彤彤配合我做的，西雅图→洛杉矶→圣地亚哥→拉斯维加斯→大峡谷国家公园→羚羊彩穴→拉斯维加斯→死谷→毕晓普→约塞米蒂国家公园。这条线路是经典的旅行线路，途中的景点多，没有险峻的路况，时间容易掌控。

她具体是怎样做攻略的呢？

一、确定旅行目的地，确定相关目的地和大家感兴趣的地方，记录下来并在地图上标注位置。

在做攻略的过程中我们会为目的地的游玩时间进行讨论，有时我们会因晚上在哪里落脚而争论，有时我们会为一个想去但路程不适合的地方论证取舍……

二、查看目的地之间的距离，测算行车时间。

假期时间有限，想要在有限的时间把想去的地方玩遍，又不至于走马观花，又避免在路上浪费时间不走回头路，合理安排线路非常重要。

三、讨论确定大家都满意的行程，在景点附近订酒店。

我这里的酒店是个概念，意思是订住宿的地方。现在的选择很多，可以是高级酒店、特色民宿、汽车旅馆等。我们选择的原则是，离景点近不浪费时间，或者有特色值得去体验。

四、把上面三步确定的信息按旅行日期整理出来就形成了完整的路书。

当彤彤自己尝试制作了一次完整的路程设计后,说出肺腑之言:"原来咱们的每一次出行妈妈都要提前费那么多心思来安排和设计啊,我以前只是跟着玩没有感觉到要做很多准备工作。现在才知道每一件看似简单的事情背后都要付出很多努力呀!"

当她拿着路书,每天指导着行进的路程,检视每天的行程和时间节点是否与设计相符时,她看到每天完成的一个个小目标,这些就是大目标的保障,离大目标越来越近。虽然,途中有一些意外出现,但都在掌握之中。旅程结束了,一本路书翻完了,目标也实现了。

经历了自己设计路书,在游玩过程中就可以很自觉地遵守时间,每次不用我催促她,反而都是她叫我"别拍了,该走了。要不就不能按时到达下一个地方了,又要开夜路"。这时发现,目标管理的概念变得不再枯燥,彤彤学会了设定目标和在规定时间内完成任务,自主、自治、自律性完全提高,也更懂感恩。

从这以后,女儿学会了这套管理方法,在生活中不断地实践,独立设计她想实施的每个项目。比如策划春节晚会时,她按这个方法制定总目标和实施大纲,对每个环节进行详细的统筹安排,然后按时间监督实施检查。最后又带领大家开总结会汇总经验教训,为下次活动打下基础。

当然,彤彤最大的收获是把这套方法完全熟练地运用在了学习上,而且获得非常显著的效果,这也是为什么在高中课业压力如此大的情况下,她依然轻松保持全Ａ的学习成绩,并且有时间参加各种社会活动,还成功地实现了提前一年高中毕业,直接升入美国著名大学的秘诀所在。

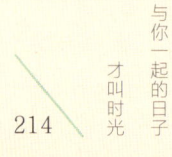

列清单

旅行清单

时间：2017年6月12日至29日　　　目的地：美国西部大环线　　　天数：17

类别	具体物品	
证件类	护照（肖、彤）、驾照	
个人洗护类	洗发皂、洗面皂、保湿水、面霜、防晒霜、化妆包、卸妆湿纸、牙刷、牙膏	
电子产品及配件	手机充电器、充电宝、相机充电器、快门线、备用电池、存储卡2张、牙刷充电器	
常用药品	创可贴、VC、VB、VE、感冒冲剂、消毒酒精、眼药水	
衣物	肖	彤
上装	短袖16件、长袖外套5件、薄毛衣3件、睡裙2条	短袖16件、长袖外套6件、毛衣外套2件、睡裙2条
下装	短裤6条、长裤3条、裙子3条	短裤5条、牛仔裤3条
鞋	拖鞋、运动鞋、沙滩鞋	拖鞋、夹脚凉鞋2双、帆板鞋
内衣	内裤16条、胸衣5件	内裤16条、胸衣5件
袜子	16双	16双
腰带	白色、黑布、红白条相间、黑皮	蓝色条、绿色条、白色条
围巾	大三角格披肩、橙色真丝、黑色长条、灰色带袖子、防晒围巾	
帽子	黑草帽、黄草帽、橙草帽	粉棒球帽、白阿迪帽、蓝旅行帽
包	金色大行李箱、黑色双肩背包、黑腰包、草编背包、小手包	蓝色大行李箱、蓝色双肩背包、杂物小手包
眼镜	黑框、蓝色反光镜片、黄色架子	棕色大框

215

你在旅途中丢过东西吗？我想大部分人都丢过。不过如果你从没丢过，这是一件值得鼓励的事情！水杯、充电器、充电宝、相机、帽子、拖鞋、雨伞等，这些曾陪伴过我们也帮助过我们的生活用品，总是无声无息地消失在大千世界里，于是，我们下定决心要保护好身边的它们。那么要通过什么样的方式呢？列清单就是最简单有效的！

其实，列清单就是把脑子里面的东西转移到纸上，并归类记录下来。因此，在旅游前我们会把需要带的东西记录下来，不仅为了方便整理行李，还可以在回程之前核对一遍行李和物品的数量。

通常，我们出行的行程清单会包含几个大的类别。当然，如果出行时间较长，需要物品多时还可以再添加所需的类别或在大类别下设立小的分类。

列清单，从旅行开始，但不仅仅局限于旅行。当它成为一种习惯而存在于我们生活中，一切都会变得有条不紊了。

列清单居然有这么多好处。

1.列清单可以减轻焦虑。

2.列清单可以让我们专心做事，而不是把精力用在记忆事情上。

3.列清单可以让我们专注大局，可以让我们知道哪些工作可以委派出去，让自己专注做最重要的事情。

4.列清单可以提升我们做事的成就感，每划掉一件事，每打一个钩，成就感就会加深一点。

经过我们的亲身体验，发现列清单是有魔力的，它已经成为我们生活中不可缺少的方式。

我相信每个人的生活中一定有各种各样的清单。每个人也一定都在人生的某个阶段开始列清单,无论是购物清单、行李清单、工作清单、学习清单等,都让我们享受着人生所展现的样子就是向着既定的目标有条不紊地发展,当你勾选了清单上所有的选项,一切梦想就都实现了。

你是从什么时候开始列清单的?

北美自驾常识

―――― 一、行驶（普通路段、高速路段、停车场）――――

1. 普通路段

❶ **路中间的借车道（国内没有，需注意）**

一些道路中间有两条黄线划分出了一条车道，这个是借车道，用于左右转和准备并入主道路的预备路。双向的车都可以借用。

❷ **路口的"STOP"标识（国内没有，需注意）**

看到路口有这个标识司机必须停车，左右观察路况，确保安全方可通过。如果该路口多方向都有停车标识，每个方向的车到路口都必须停车，礼让先到路口的车先行，大家顺序通过。这也是在没有红绿灯和警察管理的路口不会堵车的安全通行保证。在有这个标识的地方，千万不要紧跟前面的车辆通过路口。

❸ **右转**

右转必须礼让行人和其他直行的车辆。在有人行通道的地方要减速慢行。

❹ **并道**

国内开车并道首先是开转向灯示意，然后从反光镜看路况，确保安全后方可并道。但是在美国，要多做一步检查，是看完反光镜后，再扭头看车外侧（交通法规定，是两次检查），是否有其他车辆，防止反光镜死角。

❺ 警告牌

很多地方野生动物较多，路上也会有警告牌，在这样的路段驾驶需注意，不能因为躲避动物而转方向，以免造成更大的影响。

2. 高速路段

❶ 引路

在北美地区上高速的引路距离很长，在这里需要加速，然后保证安全地汇入高速行驶的车流，千万不要在进高速路口时减速。

❷ 限速

严格按照高速限速行驶，虽然路上没有监控设备，为了自己的安全也要遵守。有时警察会在路边测速，高速路超速罚款价格不菲，在有的州还有可能会坐牢。

英里和公里的换算：1 英里 ≈ 1.609 公里

（美国使用英里，加拿大使用公里）

❸ 高速收费站

一般高速路都是免费的，一些大城市和东部的一些高速路会收费。高速路收费口有图标指示，可以选现金或快速通行卡。也有一些高速车道只有无人收费的快速通道，如果你有提前购买的通行卡，电子监控查到车后会自动扣费。如果没有，需要在 1 个月内自己在相关路段高速路的网站缴费，或者等 1 个月后账单寄到家里再缴费，这个金额就会比较高，包括通行费、滞纳金和罚款，按要求上网提交即可。如果是租的车辆，账单会寄到租车公司，由租车公司直接从你租车时使用的信用卡里扣除费用。

二、停车

❶ 路边停车位

看好标识，在允许的范围和时间内停车，停车要停到相应的车位里。坡道停车时把前轮打向外侧，避免溜车到路上，特别是在西雅图、旧金山和山区路段。

❷ 自己付费的开放式停车场

一些停车场是开放式的，没有人专门收费，只有自助付费机。需要按停留时间预先付费，然后把缴费收据放到车挡风玻璃的显眼处，以备检查。警察会在几个附近的车场巡查，千万不要存侥幸心理逃避缴费，一旦被发现，很有可能罚款是停车费的10倍。

❸ 封闭式停车场

类似商城、写字楼的停车场，出入口都有升降杆，自行按开门钮抬杆进入，按时间计费，出门时用现金或信用卡付费即可。

三、在美国开车违章，遇到交警时如何处理

1. 当发现警车尾随必须减速，听到警笛后靠边停车。
2. 停车后千万不要下车，坐在车里等警察过来。
3. 在等警察过来时准备好驾照、保险单，放下所有车窗，夜间开车内灯，然后把手放在明显处，一般是方向盘上，示意没有武器。
4. 一旦警察断定你违章，千万不要和警察争辩。
5. 与警察对话要诚实。问到地址、去向等问题，如实回答，有必要时要出示证明材料，例如带有地址、名字的信件、餐厅的账单等。
6. 如果情节不严重，警察会给张警告单以示警告，不罚款。但警告的机会在一定时间里只有一次，并记录在案。
7. 如果违章次数过多，一年超过规定分数要重新考取驾照。有的州会让严重违章的人去蹲监狱。每个州的规定分数不一样。
8. 如果你对判决有异议，可以去警察局申诉，或去法庭申请修改处罚。

我们的歌

我和彤彤一起改编的歌词,曲调是《白龙马》。

绿龙马,轱辘向下,带着小彤彤还有她妈妈,
从早到晚忙赶路,一走就是几千里。

什么风吹日晒,什么倾盆大雨,
什么颠簸泥泞,什么道路崎岖,
什么高速堵车,什么穿行湖底,
什么涉水河滩,什么电闪雷劈,
经历坎坷勇往直前加油努力,我们都能闯过去。

小彤彤和她妈妈,走南闯北经过 20 万公里,
海市蜃楼、斗转星移,各种美景记在心里。

什么瀑布彩虹,什么广阔田地,
什么鹿群散步,什么大雁迁徙,
什么森林绿堤,什么冰川雪地,
什么锦鳞游泳,什么沙鸥翔集,
只要心中有爱能够彼此关心,我们永远在一起。

写给读者的话

讲述了这么多我们的故事，不是炫耀，也不是要让大家效仿。因为每个人都有自己的成长经历、脾气性格、家庭环境及教育方法。我写这些，是给自己一个交代，让自己所做过的有趣的事情在历史长河中有个记录，让孩子的孩子知道他们的前辈经历过什么样的生活。同时也给愿意敞开心扉的家长不一样的思考角度，去看待教养。

当然，旅行不是不读书，而是赋予旅行新的风貌，把教育延伸到另一个场景，避免让孩子在教科书和补习班上迷失自己，给孩子一些建立信心与培养能力的机会。

在旅行中，多观察，向别人学习处世之道；与来自不同背景的异国朋友学习包容与尊重；和小动物美丽邂逅，认识不同物种的生存智慧，从而更加懂得尊重生命。这一切，无须扮演陪伴者的家长多言，孩子会获得最真实的体验，并受到无形且深远的影响。这有别于耳提面命和死记硬背的学习方式，为孩子营造情境，给他面对不同考验与人格养成的机会，让他在这个世界上，不但有能力照顾好自己，更有能力让身边人活得更好。

找到自己的方向，坚持向前走，成为真正的自己。

本图书由北京出版集团有限责任公司依据与京版梅尔杜蒙（北京）文化传媒有限公司协议授权出版。
This book is published by Beijing Publishing Group Co. Ltd. (BPG) under the arrangement with BPG MAIRDUMONT Media Ltd. (BPG MD).

京版梅尔杜蒙（北京）文化传媒有限公司是由中方出版单位北京出版集团有限责任公司与德方出版单位梅尔杜蒙国际控股有限公司共同设立的中外合资公司。公司致力于成为最好的旅游内容提供者，在中国市场开展了图书出版、数字信息服务和线下服务三大业务。
BPG MD is a joint venture established by Chinese publisher BPG and German publisher MAIRDUMONT GmbH & Co. KG. The company aims to be the best travel content provider in China and creates book publications, digital information and offline services for the Chinese market.

北京出版集团有限责任公司是北京市属最大的综合性出版机构，前身为1948年成立的北平大众书店。经过数十年的发展，北京出版集团现已发展成为拥有多家专业出版社、杂志社和十余家子公司的大型国有文化企业。
Beijing Publishing Group Co. Ltd. is the largest municipal publishing house in Beijing, established in 1948, formerly known as Beijing Public Bookstore. After decades of development, BPG now owns a number of book and magazine publishing houses and holds more than 10 subsidiaries of state-owned cultural enterprises.

德国梅尔杜蒙国际控股有限公司成立于1948年，致力于旅游信息服务业。这一家族式出版企业始终坚持关注新世界及文化的发现和探索。作为欧洲旅游信息服务的市场领导者，梅尔杜蒙公司提供丰富的旅游指南、地图、旅游门户网站、App应用程序以及其他相关旅游服务；拥有Marco Polo、DUMONT、Baedeker等诸多市场领先的旅游信息品牌。
MAIRDUMONT GmbH & Co. KG was founded in 1948 in Germany with the passion for travelling. Discovering the world and exploring new countries and cultures has since been the focus of the still family owned publishing group. As the market leader in Europe for travel information it offers a large portfolio of travel guides, maps, travel and mobility portals, Apps as well as other touristic services. Its market leading travel information brands include Marco Polo, DUMONT, and Baedeker.

DUMONT 是德国科隆梅尔杜蒙国际控股有限公司所有的注册商标。
DUMONT is the registered trademark of Mediengruppe DuMont Schauberg, Cologne, Germany.

杜蒙·阅途 是京版梅尔杜蒙（北京）文化传媒有限公司所有的注册商标。
杜蒙·阅途 is the registered trademark of BPG MAIRDUMONT Media Ltd. (Beijing).